Boulder County, Colorado District Court Widow's Relinquishment Volumes 1 & 2

1889-1937

An Annotated Index

Compiled by Dina C. Carson
Indexed by Mona Olmstead

Boulder County, Colorado District Court Widow's Relinquishment, Volumes 1 & 2, 1889-1937

An Annotated Index

Compiled by Dina C. Carson
Indexed by Mona Olmstead

Published by:

Iron Gate Publishing
P.O. Box 999
Niwot, CO 80544
www.irongate.com

    All rights reserved. No part of this book may be reproduced or transmitted in any form or by any means, electronic or mechanical, including photocopying, recording or any information storage and retrieval system without written permission from the author, except for the inclusion of brief quotations in a review.

    The Publisher of this directory makes no representation that it is absolutely accurate or complete. Errors and omissions, whether typographical, clerical or otherwise do sometimes occur and may occur anywhere within the body of this publication. The Publisher does not assume and hereby disclaims any liability to any party for loss or damage by errors or omissions in this publication, whether such errors or omissions result from negligence, accident or any other cause.

    Iron Gate Publishing has used its best efforts in collecting and preparing material for inclusion in *Boulder County, Colorado District Court Widow's Relinquishment, Volume 1, 1889-1926: An Annotated Index*, but does not warrant that the information herein is complete or accurate, and does not assume, and hereby disclaims, any liability to any person for any loss or damage caused by errors or omissions in *Boulder County, Colorado District Court Widow's Relinquishment, Volume 1, 1889-1926: An Annotated Index*, whether such errors or omissions result from negligence, accident or any other cause.

Copyright © 2015 by Dina C. Carson, Iron Gate Publishing

Printed in the United States of America

    ISBN   1-68224-009-6   ISBN 13 978-1-68224-009-0

Introduction

The *Boulder County, Colorado District Court Widow's Relinquishment, Volume 1, 1889–1926, and Volume 2, 1926–1937* record what household items and other property that were given to the widow as a part of her assignment of property from the estate before any debts were paid.

The records show the names of the deceased, the widow or orphan and the administrators or executors of the estate along with the judges and clerks who recorded each transaction.

The following is an example taken from the relinquishment of Lillian B Stiles, widow of Elwood W Stiles in 1886.

1 span horses	1 wagon
1 set double harness	1 stock rack and chains
1 cross cut saw	1 saddle and bridle
6 head 2 year olds	6 yearlings
1 gun and fixtures	1 pitchfork
1 saw	1 lead rod
lead bars	1 ax
1 crow bar	fishing tackle
cable chains	

There are a few insanity cases recorded in the books. At this time, insanity cases were a matter of public court record and a jury was seated to evaluate the competence of the defendant. A public court hearing helped to guard against efforts to take the property of an individual by having him or her declared incompetent. In insanity cases, the defendant had a right to an attorney and to call witnesses on his or her behalf.

The original *Boulder County, Colorado District Court Widow's Relinquishment, Volume 1, 1889-1926 and Volume 2, 1926–1937* are held by the Colorado State Archives and is accessible for research. You can order a copies of pages from this ledger by calling the Colorado State Archives, or placing an order through their website.

A

Affolter, Edward
1907 Sept 28; pg 130, administrator

Affolter, Elizabeth
1899 Aug 3; pg 72, widow

Affolter, Frederick J
1899 Aug 3; pg 72, deceased

Affolter, John
1907 Sept 28; pg 130, deceased

Affolter, Nellie R
1907 Sept 28; pg 130, widow

Ahearn, Ella
1902 Jan 18; pg 94, widow

Ahearn, Thomas
1902 Jan 18; pg 94, deceased

Allen, Christiann M
1907 Aug 26; pg 129, widow

Allen, J Max
1907 Aug 26; pg 129, administrator

Allen, Jacob B
1907 Aug 26; pg 129, deceased

Allen, James E
1907 Aug 26; pg 129, administrator

Allen, Janice
1887 May 23; pg 8, widow

Allen, Rodolphus U
1887 May 23; pg 8, deceased

Allensby, Edward W
1922 Jan 20; pg 244, deceased

Allensby, Katherine
1922 Jan 20; pg 244, widow

Allert, Anna P
1911 Oct 9; pg 164, widow

Allert, Oscar
1911 Oct 9; pg 164, deceased

Allison, W H
1907 June 3; pg 127, administrator

Anderson, Charles Victor
1914 Aug 13; pg 182, deceased

Anderson, Eliza Jane
1905 Jan 16; pg 112, widow

Anderson, Eva
1914 Aug 13; pg 182, widow

Anderson, William
1905 Jan 16; pg 112, deceased

Andrews, Lyman E
1886 Sept 6; pg 6, administrator

Andrews, Nellie
1886 Sept 6; pg 6, witness

Athearn, Elisha S
1911 Oct 24; pg 165, deceased

Athearn, Susan E
1911 Oct 24; pg 165, widow

Atwood, Joseph T
1898 Dec 5; pg 67, judge
1899 Mar 27; pg 68, judge
1899 May 27; pg 69, judge
1899 June 21; pg 70, judge
1899 June 26; pg 71, judge
1899 Aug 3; pg 72, judge
1899 Nov 15; pg 73, judge
1899 Dec 11; pg 74, judge
1900 Mar 15; pg 75, judge
1900 May 14; pg 76, judge
1900 May 21; pg 77, judge
1900 June 1; pg 78, judge
1900 July 2; pg 79, judge
1900 July 23; pg 80, judge
1900 Oct 16; pg 81, judge
1900 Oct 22; pg 83, judge
1900 Oct 22; pg 82, judge
1901 Feb 27; pg 84, judge
1901 June 20; pg 85, judge
1901 July 1; pg 86, judge
1901 Aug 31; pg 88, judge

Atwood, Joseph T, cont.
1901 Sept 16; pg 87, judge
1901 Sept 30; pg 89, judge
1901 Oct 11; pg 92, judge
1901 Oct 7; pg 90, judge
1901 Oct 7; pg 91, judge
1901 Nov 12; pg 93, judge

Autrey, Edward
1890 Sept 29; pg 28, sheriff
1890 Nov 28; pg 30, sheriff
1890 Nov 3; pg 29, sheriff
1891 May 1; pg 31, sheriff
1891 May 11; pg 32, sheriff
1891 Sept 18; pg 33, sheriff
1891 Oct 12; pg 34, sheriff
1891 Oct 26; pg 35, sheriff
1891 Nov 2; pg 36, sheriff

B

Babb, Anna
1891 Nov 2; pg 36, widow

Babb, Lucas
1891 Nov 2; pg 36, deceased

Baden, John G
1896 Jan 27; pg 52, deceased

Baden, Mary F
1896 Jan 27; pg 52, widow

Baldwin, Charles G
1886 June 28; pg 5, deceased

Baldwin, Frances A
1886 June 28; pg 5, widow

Ballinger, Henry F
1911 June 21; pg 163, deceased

Ballinger, Mary A
1911 June 21; pg 163, widow

Barclay, Edgar
1896 Nov 30; pg 56, administrator

Barclay, Jane E
1896 Nov 30; pg 56, widow

Barclay, Joseph B
1896 Nov 30; pg 56, deceased

Barnes, S Marcella
1893 Nov 20; pg 50, wife

Barnes, Thomas H
1893 Nov 20; pg 50, deceased

Bartell, C F
1905 Jan 16; pg 112, sheriff
1905 May 11; pg 113, sheriff
1905 Sept 8; pg 114, sheriff
1905 Nov 22; pg 115, sheriff
1905 [1906] Jan 2; pg 116, sheriff
1906 Jan 8; pg 117, sheriff
1906 Jan 15; pg 118, sheriff
1906 Jan 18; pg 119, sheriff
1906 Jan 20; pg 120, sheriff
1906 Apr 2; pg 121, sheriff
1906 Aug 27; pg 122, sheriff
1906 Oct 18; pg 123, sheriff
1907 Feb 8; pg 124, sheriff
1907 Feb 8; pg 125, sheriff
1907 Mar 18; pg 126, sheriff
1907 June 22; pg 128, sheriff
1907 June 3; pg 127, sheriff
1907 Aug 26; pg 129, sheriff
1907 Nov 27; pg 131, sheriff
1907 Sept 28; pg 130, sheriff
1908 July 13; pg 132, sheriff
1908 July 27; pg 133, sheriff
1908 Sept 5; pg 134, sheriff
1908 Oct 10; pg 135, sheriff
1908 Oct 27; pg 136, sheriff

Bartimuch, Anna
1904 June 15; pg 106, widow

Bartimuch, Mike
1904 June 15; pg 106, deceased

Bartlett, A B
1909 July 1; pg 144, deceased

Bartlett, John H.
1887 Oct 31; pg 11, deceased

Widow's Relinquishment, Volume 1, 1889–1926

Bartlett, Mary J
1909 July 1; pg 144, widow

Bary, Lillian
1910 Mar 23; pg 153, widow

Bary, Mark
1910 Mar 23; pg 153, deceased

Bashor, Alpheus
1893 May 1; pg 48, executor

Bashor, Elizabeth
1893 May 1; pg 48, window

Bashor, Franklin
1890 Nov 28; pg 30, deceased

Bashor, Henry
1893 May 1; pg 47, executor

Bashor, Henry
1893 May 1; pg 48, executor

Bashor, John
1893 May 1; pg 47, executor

Bashor, John
1893 May 1; pg 48, deceased

Bashor, John
1893 May 1; pg 48, executor
1893 May 1; pg 47, deceased

Bashor, Mary Jane
1890 Nov 28; pg 30, widow

Bass, Ida M
1922 Mar 13; pg 246, widow

Bass, Lawrence P
1922 Mar 13; pg 246, deceased

Baugh, James H
1891 Oct 26; pg 35, deceased

Baugh, Mary J.
1891 Oct 26; pg 35, widow

Berkheimer, Alice W
1925 Aug 4; pg 286, widow

Berkheimer, George W
1925 Aug 4; pg 286, deceased

Billig, J O
1925 Aug 4; pg 286, administrator

Blackwell, Ida G
1914 Mar 20; pg 178, widow

Blackwell, Samuel H
1914 Mar 20; pg 178, deceased

Blanton, Caleb K
1915 Sept 29; pg 187, deceased

Blanton, Luella
1915 Sept 29; pg 187, widow

Bliven, Andrew J
1899 Dec 11; pg 74, deceased

Bliven, Sarah M
1899 Dec 11; pg 74, widow

Blum, Robert
1923 Mar 29; pg 259, sheriff

Blum, Robert F [V]
1923 Mar 26; pg 258, sheriff

Blum, Robert V
1923 Apr 28; pg 260, sheriff
1923 May 1; pg 261, sheriff
1923 July 9; pg 264, sheriff
1923 June 4; pg 262, sheriff
1923 June 16; pg 263, sheriff
1923 Sept 10; pg 265, sheriff
1923 Dec 11; pg 266, sheriff
1923 Dec 21; pg 267, sheriff
1923 Dec 21; pg 268, sheriff
1924 Jan 7; pg 269, sheriff
1924 Feb 2; pg 270, sheriff
1924 Feb 23; pg 272, sheriff
1924 Feb 5; pg 271, sheriff
1924 Mar 19; pg 273, sheriff
1924 Apr 11; pg 274, sheriff
1924 Apr 23; pg 275, sheriff
1924 May 1; pg 276, sheriff
1924 June 17; pg 277, sheriff
1924 July 30; pg 278, sheriff
1924 Oct 6; pg 279, sheriff

Blum, Robert V, cont.
  1924 Oct 14; pg 280, sheriff
  1925 Feb 11; pg 282, sheriff
  1925 Mar 1; pg 284, sheriff
  1925 Apr 23; pg 283, sheriff
  1925 Aug 4; pg 286, sheriff
  1925 Jan 23; pg 281, sheriff
  1925 June 8; pg 285, sheriff
  1925 Sept 11; pg 287, sheriff
  1925 Nov 21; pg 288, sheriff
  1925 Dec 14; pg 289, sheriff
  1926 Jan 25; pg 290, sheriff
  1926 Mar 17; pg 291, sheriff
  1926 Mar 29; pg 292, sheriff

Boatwright, Elizabeth Irene
  1918 Nov 1; pg 204, widow

Boatwright, Robert D
  1918 Nov 1; pg 204, deceased

Bond, I L
  1892 Feb 27; pg 37, executor

Bone, Almira
  1925 Feb 11; pg 282, widow

Bone, Joseph G
  1925 Feb 11; pg 282, deceased

Booth, Frank L
  1921 Aug 31; pg 233, deceased

Booth, Loretta A
  1921 Aug 31; pg 233, widow

Borden, A W
  1896 Jan 27; pg 52, clerk
  1896 Feb 17; pg 53, clerk
  1896 Feb 29; pg 54, clerk
  1896 Apr 9; pg 55, clerk
  1896 Nov 30; pg 56, clerk
  1897 Feb 1; pg 57, clerk
  1897 Mar 27; pg 58, clerk
  1897 July 26; pg 59, clerk
  1897 July 26; pg 60, clerk
  1898 Jan 31; pg 61, clerk
  1898 June 13; pg 65, clerk
  1898 Mar 7; pg 62, clerk
  1898 May 2; pg 64, clerk
  1989 Apr 4; pg 63, clerk
  1898 Aug 31; pg 66, clerk
  1898 Dec 5; pg 67, clerk

Borduer, Francis M
  1914 Aug 3; pg 181, deceased

Borduer, Martha A
  1914 Aug 3; pg 181, widow

Boundy, John G
  1917 Sept 1; pg 199, deceased

Boundy, Mary A
  1917 Sept 1; pg 199, widow

Bouton, Edwin
  1900 July 2; pg 79, deceased

Bouton, Madeleine W
  1900 July 2; pg 79, widow

Bowes, John
  1913 Oct 6; pg 176, deceased

Bowes, Sarah Ann
  1913 Oct 6; pg 176, [widow]

Brazil, Nellie
  1923 June 4; pg 262, widow

Brazil, Robert
  1923 June 4; pg 262, deceased

Brierley, Nancy
  1906 Oct 18; pg 123, widow

Brierley, Sylvester E
  1906 Oct 18; pg 123, deceased

Brocket, Len
  1898 Dec 5; pg 67, deceased

Brocket, Permelia A
  1898 Dec 5; pg 67, widow

Bromley, Charles C
  1921 July 27; pg 231, deceased

Bromley, Theresa D
  1921 July 27; pg 231, widow

Widow's Relinquishment, Volume 1, 1889–1926

Brooks, James E
1916 Aug 7; pg 194, deceased

Brooks, Valerie
1916 Aug 7; pg 194, widow

Browley, C C
1916 July 31; pg 193, administrator

Brugger, Anna
1921 Dec 22; pg 243, widow

Brugger, Joseph
1921 Jan 8; pg 227, deceased

Brugger, Louis
1921 Dec 22; pg 243, deceased

Brugger, Mary
1921 Jan 8; pg 227, widow

Bruno, Matteo
1920 Mar 27; pg 217, deceased

Bruno, Minnie
1920 Mar 27; pg 217, widow

Budd, Lucy E
1910 Mar 2; pg 152, widow

Budd, Sylvanus
1910 Mar 2; pg 152, deceased

Bump, J E
1919 Sept 27; pg 210, administrator

Burgener, John
1914 Aug 13; pg 182, administrator

Buster, S D
1913 Aug 27; pg 175, sheriff
1913 Oct 6; pg 176, sheriff
1914 Jan 21; pg 177, sheriff
1914 Mar 20; pg 178, sheriff
1914 May 2; pg 179, sheriff
1914 July 2; pg 180, sheriff
1914 Aug 3; pg 181, sheriff
1914 Aug 13; pg 182, sheriff
1915 Jan 4; pg 184, sheriff
1915 Jan 4; pg 183, sheriff
1915 Feb 13; pg 185, sheriff
1915 Mar 15; pg 186, sheriff
1915 Sept 29; pg 187, sheriff
1915 Oct 26; pg 188, sheriff
1915 Nov 30; pg 189, sheriff
1916 Mar 7; pg 190, sheriff
1916 May 16; pg 191, sheriff
1916 June 2; pg 192, sheriff
1916 July 31; pg 193, sheriff
1916 Aug 7; pg 194, sheriff
1916 Sept 5; pg 195, sheriff
1917 Mar 17; pg 196, sheriff
1917 June 18; pg 197, sheriff

C

Calkins, C C
1906 Apr 2; pg 121, administrator

Campbell, Charles F H
1922 Feb 7; pg 245, deceased

Campbell, Irene
1922 Feb 7; pg 245, widow

Capp, M P
1909 Feb 2; pg 137, sheriff
1909 Feb 18; pg 138, sheriff
1909 Feb 26; pg 139, sheriff
1909 Apr 1; pg 141, sheriff
1909 Apr 2; pg 140, sheriff
1909 May 6; pg 142, sheriff
1909 June 25; pg 143, sheriff
1909 July 1; pg 144, sheriff
1909 July 3; pg 145, sheriff
1909 Sept 3; pg 146, sheriff
1909 Oct 19; pg 147, sheriff
1909 Dec 6; pg 148, sheriff
1909 Dec 10; pg 149, sheriff
1909 Dec 27; pg 150, sheriff
1910 Feb 12; pg 151, sheriff
1910 Mar 2; pg 152, sheriff
1910 Mar 23; pg 153, sheriff
1910 May 23; pg 154, sheriff
1910 June 11; pg 155, sheriff
1910 July 18; pg 156, sheriff
1910 Dec 10; pg 157, sheriff
1911 Mar 20; pg 158, sheriff

Capp, M P, cont.
1911 Apr 13; pg 160, sheriff
1911 Apr 24; pg 161, sheriff
1911 Apr 5; pg 159, sheriff
1911 May 29; pg 162, sheriff
1911 June 21; pg 163, sheriff
1911 Oct 9; pg 164, sheriff
1911 Oct 24; pg 165, sheriff
1911 Dec 26; pg 166, sheriff
1912 Mar 28; pg 167, sheriff
1912 Apr 16; pg 168, sheriff
1912 May 8; pg 169, sheriff
1912 May 16; pg 170, sheriff
1912 June 17; pg 171, sheriff
1912 Aug 10; pg 172, sheriff
1912 Sept 9; pg 173, sheriff
1912 Oct 12; pg 174, sheriff

Caranci, Dominick G
1920 Mar 27; pg 217, administrator

Carle, James H
1888 Apr 17; pg 14, deceased

Carle, Lucy J
1888 Apr 17; pg 14, widow

Carlton, David
1892 Aug 13; pg 44, deceased

Carlton, Jane
1892 Aug 13; pg 44, widow

Carr, Byron L
1895 Aug 5; pg 51, conservator
1899 June 21; pg 70, deceased

Carr, Mary L
1899 June 21; pg 70, widow

Carter, Henry
1912 Sept 9; pg 173, deceased

Carter, Ruth E.
1912 Sept 9; pg 173, widow

Carveth, Carrie
1912 Mar 28; pg 167, widow

Carveth, Edwin D
1912 Mar 28; pg 167, deceased

Case, Carrie E
1886 Apr 7; pg 1, widow

Case, Wm H H
1886 Apr 7; pg 1, deceased

Caywood, Catherine D
1889 Aug 26; pg 25, widow

Caywood, Della
1926 Jan 25; pg 290, widow

Caywood, Emery W
1926 Jan 25; pg 290, deceased

Caywood, James A
1889 Aug 26; pg 25, administrator

Caywood, William M
1889 Aug 26; pg 25, deceased

Chandler, Clara J
1905 Sept 8; pg 114, widow

Chandler, Frederick J
1905 Sept 8; pg 114, deceased

Chase, Dora M (Mrs.)
1897 Mar 27; pg 58, widow

Chase, G Arthur
1897 Mar 27; pg 58, deceased

Chesebro, Genevieve O
1919 Dec 1; pg 213, widow

Chesebro, George W
1919 Dec 1; pg 213, deceased

Chinault, L E
1916 Sept 5; pg 195, executor

Christian, G T
1908 July 27; pg 133, deceased

Christian, Martha A
1908 July 27; pg 133, widow

Church, Helen O
1912 May 16; pg 170, widow

Widow's Relinquishment, Volume 1, 1889–1926

Church, J L
1912 May 16; pg 170, deceased

Clem, Aaron D
1918 Oct 5; pg 200, deceased

Clem, Rolla D
1918 Oct 5; pg 200, administrator

Clem, Sibbel Ann
1918 Oct 5; pg 200, widow

Clingenpeel, Malinda C
1923 Jan 8; pg 257, widow

Clingenpeel, William
1923 Jan 8; pg 257, deceased

Cochran, Rachel P
1891 Oct 12; pg 34, widow

Cochran, Wesley M
1891 Oct 12; pg 34, deceased

Coles, James
1923 Mar 26; pg 258, deceased

Coles, Janet
1923 Mar 26; pg 258, widow

Cooley, Elias V
1899 June 26; pg 71, deceased

Cooley, Nancy C
1899 June 26; pg 71, widow

Coppela, John
1902 Feb 29; pg 97, deceased

Coppela, Michetta
1902 Feb 29; pg 97, widow

Corbett, Licha
1923 Dec 21; pg 268, widow

Corbett, William
1923 Dec 21; pg 268, deceased

Coulehan, James E
1887 June 20; pg 9, deceased

Coulehan, Miranda
1887 June 20; pg 9, widow

Couley, John E
1918 Aug 19; pg 203, administrator

Cranson, Clara C
1888 Jan 30; pg 13, widow

Cranson, John
1888 Jan 30; pg 13, deceased

Culver, Cary
1907 Nov 27; pg 131, deceased

Culver, Elvina E
1907 Nov 27; pg 131, widow

Cummings, Mary
1921 Nov 30; pg 242, wido

Cummings, Patrick
1921 Nov 30; pg 242, deceased

D

Dasef, Harriett
1923 June 16; pg 263, widow

Dasef, W L
1923 June 16; pg 263, deceased

Davidson, Mary K
1892 July 11; pg 42, widow

Davidson, William A
1892 July 11; pg 42, deceased

Day, Charles E
1888 Aug 31; pg 17, executor
1911 Apr 13; pg 160, deceased

Day, Cynthia O
1911 Apr 13; pg 160, widow

Davis, Larena
1924 July 30; pg 278, administrator

DeFrance, Fred W
1921 Sept 21; pg 235, deceased

DeFrance, Gertrude
1921 Sept 21; pg 235, widow

DeKalb, J E
1919 Dec1; pg 213, administrator

Widow's Relinquishment, Volume 1, 1889–1926

Dell, George T
1888 Jan 30; pg 13, executor

DeLong, Ira M
1909 Apr 1; pg 141, guardian

Dobbins, Hannah A
1889 Apr 22; pg 21, widow

Dobbins, Samuel H
1889 Apr 22; pg 21, deceased

Dorr, Emma M
1915 Oct 26; pg 188, widow

Dorr, Lewis F
1915 Oct 26; pg 188, deceased

Driken, John A
1888 Nov 24; pg 18, administrator

Duncan, Elmer C
1900 July 23; pg 80, deceased

Duncan, Pearl (Mrs.)
1900 July 23; pg 80, widow

Dunton, Jesse C
1925 Nov 21; pg 288, deceased

Dunton, Lenora W
1925 Nov 21; pg 288, widow

Dustin, Dudley
1911 Mar 20; pg 158, deceased

Dustin, Maria
1911 Mar 20; pg 158, widow

Dworak, A F
1921 June 20; pg 230, witness

Dycer, Annie
1887 Sept 21; pg 10, widow

Dycer, William
1887 Sept 21; pg 10, deceased

Dyer, W C
1896 Jan 27; pg 52, sheriff
1896 Feb 17; pg 53, sheriff
1896 Feb 29; pg 54, sheriff
1896 Apr 9; pg 55, sheriff
1896 Nov 30; pg 56, sheriff
1897 Feb 1; pg 57, sheriff
1897 Mar 27; pg 58, sheriff
1897 July 26; pg 59, sheriff
1897 July 26; pg 60, sheriff

Dyer, Warren C
1895 Aug 5; pg 51, sheriff

E

Eggleston, A Myrtle
1903 Nov 24; pg 103, administrator

Eggleston, Annie C
1919 Oct 11; pg 211, widow

Eggleston, Charles E
1919 Oct 11; pg 211, deceased

Eggleston, George W
1903 Nov 24; pg 103, deceased

Eggleston, Sarah A
1903 Nov 24; pg 103, widow

Ellet, John A
1892 May 16; pg 40, deceased

Ellet, Lizzie K C
1892 May 16; pg 40, widow

Ellsworth, Alma E
1904 May 11; pg 105, widow

Ellsworth, B F
1904 May 11; pg 105, deceased

Esgar, Julia E
1910 May 23; pg 154, widow

Esgar, Morgan D
1910 May 23; pg 154, deceased

Estey, Mary A
1925 Dec 14; pg 289, widow

Estey, S A
1925 Dec 14; pg 289, deceased

Euler, Edward P
1923 Dec 11; pg 266, deceased

Widow's Relinquishment, Volume 1, 1889–1926

Euler, Harriett E
1923 Dec 11; pg 266, widow

Euler, R L
1917 June 30; pg 198, sheriff
1917 Sept 1; pg 199, sheriff
1917 Nov 6; pg 201, sheriff
1918 Mar 18; pg 202, sheriff
1918 Aug 19; pg 203, sheriff
1918 Oct 5; pg 200, sheriff
1918 Nov 1; pg 204, sheriff
1918 Nov 16; pg 205, sheriff
1919 July 17; pg 206, sheriff
1919 Sept 15; pg 207, sheriff
1919 Sept 15; pg 208, sheriff
1919 Sept 20; pg 209, sheriff
1919 Sept 27; pg 210, sheriff
1919 Oct 11; pg 211, sheriff
1919 Nov 24; pg 212, sheriff
1919 Dec 1; pg 213, sheriff
1919 Dec 19; pg 214, sheriff
1920 Jan 21; pg 215, sheriff
1920 Jan 23; pg 216, sheriff
1920 Mar 27; pg 217, sheriff
1920 May 3; pg 218, sheriff
1920 May 6; pg 219, sheriff
1920 May 17; pg 220, sheriff
1920 May 22; pg 221, sheriff
1920 June 3; pg 222, sheriff
1920 July 8; pg 223, sheriff
1920 July 30; pg 224, sheriff
1920 Aug 17; pg 225, sheriff
1920 Dec 11; pg 226, sheriff
1921 Jan 8; pg 227, sheriff
1921 May 9; pg 229, sheriff
1921 June 20; pg 230, sheriff
1921 July 27; pg 231, sheriff
1921 July 29; pg 232, sheriff
1921 Apr 21; pg 228, sheriff
1921 Aug 31; pg 233, sheriff
1921 Sept 6; pg 234, sheriff
1921 Sept 21; pg 235, sheriff
1921 Sept 23; pg 237, sheriff
1921 Sept 23; pg 236, sheriff
1921 Oct 3; pg 238, sheriff
1921 Oct 8; pg 239, sheriff
1921 Oct 17; pg 240, sheriff
1921 Nov 14; pg 241, sheriff
1921 Nov 30; pg 242, sheriff
1921 Dec 22; pg 243, sheriff
1922 Jan 20; pg 244, sheriff
1922 Feb 7; pg 245, sheriff
1922 Mar 13; pg 246, sheriff
1922 Apr 10; pg 247, sheriff
1922 May 22; pg 248, sheriff
1922 July 13; pg 249, sheriff
1922 July 17; pg 250, sheriff
1922 Aug 19; pg 252, sheriff
1922 Aug 19; pg 251, sheriff
1922 Sept 22; pg 253, sheriff
1922 Oct 21; pg 254, sheriff
1922 Oct 24; pg 255, sheriff
1922 Dec 30; pg 256, sheriff
1923 Jan 8; pg 257, sheriff

F

Fairhurst, Jessie
1920 Jan 23; pg 216, widow

Fairhurst, William
1920 Jan 23; pg 216, deceased

Faivre, Charles
1916 Mar 7; pg 190, administrator

Farmer, Anna
1924 June 17; pg 277, widow

Farmer, Samuel Lewis
1924 June 17; pg 277, deceased

Fawcett, Clarence
1923 Dec 21; pg 267, deceased

Fawcett, Winnie W
1923 Dec 21; pg 267, widow

Feeney, Claire B
1901 Feb 27; pg 84, administrator

Feeney, Thomas F
1901 Feb 27; pg 84, deceased

Widow's Relinquishment, Volume 1, 1889–1926

Feeney, Virginia M
1901 Feb 27; pg 84, widow

Fisher, Agnes
1914 May 2; pg 179, orphan child of John B Fisher, deceased

Fisher, James B
1914 May 2; pg 179, administrator

Fisher, John B
1914 May 2; pg 179, deceased

Fisher, Ruth
1914 May 2; pg 179, orphan child of John B Fisher, deceased

Flitner, Carrie H
1920 May 17; pg 220, deceased, formerly known as Carrie H Giller

Flitner, Mard N
1920 May 17; pg 220, guardian

Foster, Eileen W
1920 Aug 17; pg 225, widow

Foster, Ward H
1920 Aug 17; pg 225, deceased

Frank, Ella M
1911 Dec 26; pg 166, widow

Frank, Nicholas
1911 Dec 26; pg 166, deceased

Franks, Samuel I
1897 July 26; pg 59, administrator

Fuhmel, Mike
1900 Oct 16; pg 81, deceased

Fuhmell, Anna
1900 Oct 16; pg 81, widow

Fullen, Eliza J
1900 May 14; pg 76, widow

Fullen, Hiram
1900 May 14; pg 76, deceased

G

Garrison, Fred J
1919 Sept 15; pg 207, deceased

Garrison, Margaret L
1919 Sept 15; pg 207, widow

Gentry, Charles B
1914 July 2; pg 180, deceased

Gentry, Ida M
1914 July 2; pg 180, widow

Giffin, Clay E
1924 Feb 5; pg 271, deceased

Giffin, Vera G
1924 Feb 5; pg 271, widow

Giles, Elizabeth
1915 Jan 4; pg 183, widow

Giles, George W
1915 Jan 4; pg 183, deceased

Giller, Carrie H
1920 May 17; pg 220, deceased, now known as Carrie H Flitner

Giller, Janet
1920 May 17; pg 220, orphan of Carrie H (Giller) Flitner

Giss, John
1921 Sept 6; pg 234, deceased

Giss, Salome
1921 Sept 6; pg 234, widow

Graham, Alice
1922 May 22; pg 248, widow

Graham, John
1922 May 22; pg 248, deceased

Graves, Alice
1911 Apr 24; pg 161, widow

Graves, James M
1911 Apr 24; pg 161, deceased

Greene, Carolyn M
1901 June 20; pg 85, widow

Greene, O F A
1901 June 20; pg 85, deceased

Griffitte, Jacob H
1920 May 22; pg 221, deceased

Griffitte, Rhoda
1920 May 22; pg 221, widow

Grimes, Mary
1924 Feb 23; pg 272, widow

Grimes, Michael
1924 Feb 23; pg 272, deceased

Gross (Reed West & Gross)
1912 Apr 16; pg 168, attorneys

Groth, Mary
1902 Feb 6; pg 95, widow

Groth, William
1902 Feb 6; pg 95, deceased

Gunn, John A
1905 Jan 7; pg 111, deceased

Gunn, Mary J
1905 Jan 7; pg 111, widow

H

Haas, Emma L
1909 Sept 3; pg 146, widow, formerly known as Emma L Wilcox

Hagar, J H
1890 Nov 28; pg 30, executor

Haines, Anna (Mrs)
1914 Aug 13; pg 182, witness

Haldi, Katharine
1916 Mar 7; pg 190, widow

Haldi, Peter
1916 Mar 7; pg 190, deceased

Hall, Jessie E
1904 Aug 11; pg 108, administrator

Hansbrough, O C
1888 Jan 19; pg 12, sheriff
1888 Jan 30; pg 13, sheriff
1888 Feb 20; pg 19, sheriff
1888 Apr 17; pg 14, sheriff
1888 Aug 31; pg 17, sheriff
1888 May 14; pg 15, sheriff
1888 May 21; pg 20, sheriff
1888 May 24; pg 16, sheriff
1888 Nov 24; pg 18, sheriff
1889 Apr 22; pg 21, sheriff
1889 May 20; pg 22, sheriff
1889 June 17; pg 23, sheriff
1889 July 20; pg 24, sheriff
1889 Aug 26; pg 25, sheriff
1890 Jan 22; pg 26, sheriff
1890 May 19; pg 27, sheriff

Hard, Florence Williams
1919 July 17; pg 206, widow

Harrell, Angelina
1924 Oct 14; pg 280, widow

Harrell, James A
1924 Oct 14; pg 280, deceased

Hastings, Anna E
1914 Jan 21; pg 177, widow

Hastings, H W
1914 Jan 21; pg 177, deceased

Hawks, Ernest
1922 Oct 24; pg 255, deceased

Hawks, Gertrude
1922 Oct 24; pg 255, widow

Hays, Elsie R
1904 Sept; pg 110, widow

Hays, Frank A
1904 Sept; pg 110, deceased

Heill, J Howard
1910 Dec 10; pg 157, deceased

Heill, Lottie R
1910 Dec 10; pg 157, widow

Widow's Relinquishment, Volume 1, 1889–1926

Helburg, Charles
1917 Nov 6; pg 201, administrator

Helburg, Mary
1917 Nov 6; pg 201, widow

Helburg, Victor
1917 Nov 6; pg 201, deceased

Hendee, Mary J
1907 June 22; pg 128, widow

Hendee, Weed R
1907 June 22; pg 128, deceased

Henderson, Junius
1902 Jan 18; pg 94, judge
1902 Feb 6; pg 95, judge
1902 Feb 14; pg 96, judge
1902 Feb 29; pg 97, judge
1902 Mar 7; pg 98, judge
1902 July 21; pg 99, judge
1903 May 23; pg 100, judge
1903 July 27; pg 102, judge
1903 June 18; pg 101, judge
1903 Nov 24; pg 103, judge
1904 Mar 14; pg 104, judge
1904 May 11; pg 105, judge
1904 June 15; pg 106, judge
1904 July 8; pg 107, judge
1904 Aug 11; pg 108, judge
1904 Aug 31; pg 109, judge
1904 Sept; pg 110, judge
1905 [1906] Jan 2; pg 116, judge
1905 Jan 7; pg 111, judge
1905 Jan 16; pg 112, judge
1905 May 11; pg 113, judge
1905 Sept 8; pg 114, judge
1905 Nov 22; pg 115, judge
1906 Jan 8; pg 117, judge
1906 Jan 15; pg 118, judge
1906 Jan 18; pg 119, judge
1906 Jan 20; pg 120, judge
1906 Apr 2; pg 121, judge
1906 Aug 27; pg 122, judge
1906 Oct 18; pg 123, judge
1907 Feb 8; pg 124, judge
1907 Feb 8; pg 125, judge
1907 Mar 18; pg 126, judge
1907 June 3; pg 127, judge
1907 June 22; pg 128, judge
1907 Aug 26; pg 129, judge
1907 Sept 28; pg 130, judge
1907 Nov 27; pg 131, judge
1908 July 13; pg 132, judge
1908 July 27; pg 133, judge
1908 Sept 5; pg 134, judge
1908 Oct 10; pg 135, judge
1908 Oct 27; pg 136, judge

Henderson, Rex
1922 Oct 21; pg 254, administrator

Hendren, Benjamin O
1912 Oct 12; pg 174, deceased

Hendren, Harriet A
1912 Oct 12; pg 174, widow

Henry, A T (Jr)
1910 Dec 10; pg 157, administrator

Henshaw, Moreland
1924 Oct 6; pg 279, widow

Henshaw, W P
1924 Oct 6; pg 279, deceased

Hertha, John
1901 Oct 7; pg 90, deceased
1901 Oct 7; pg 91, deceased

Hertha, Theresa S
1901 Oct 7; pg 90, widow
1901 Oct 7; pg 91, administrator

Hill, Maud
1916 June 2; pg 192, widow

Hill, Willis D
1916 June 2; pg 192, deceased

Holland, Eviline
1888 Aug 31; pg 17, widow

Holland, Granville
1888 Aug 31; pg 17, deceased

Holstein, George B
 1892 Mar 28; pg 38, administrator
Holstein, Moses
 1892 Mar 28; pg 38, deceased
Holstein, Rebecca
 1892 Mar 28; pg 38, widow
Holt, Asa D
 1889 Apr 22; pg 21, executor
Housel, Louisa P
 1905 May 11; pg 113, widow
Housel, Peter, M
 1905 May 11; pg 113, deceased
Hubbard, Adelaide M
 1890 Sept 29; pg 28, widow
Hubbard, Royal M
 1890 Sept 29; pg 28, deceased
Hubbell, Lillian
 1908 July 13; pg 132, widow
Hubbell, William Newton
 1908 July 13; pg 132, deceased

I

Ingalls, Edmond Church
 1907 Feb 8; pg 125, deceased
Ingalls, Emma Taylor
 1907 Feb 8; pg 125, widow
Ingersoll, Elizabeth
 1915 Nov 30; pg 189, wido
Ingersoll, Roy L
 1915 Nov 30; pg 189, deceased
Ingram, E J
 1909 Feb 2; pg 137, judge
 1909 Feb 18; pg 138, judge
 1909 Feb 26; pg 139, judge
 1909 Apr 1; pg 141, judge
 1909 Apr 2; pg 140, judge
 1909 May 6; pg 142, judge
 1909 June 25; pg 143, judge
 1909 July 1; pg 144, judge
 1909 July 3; pg 145, judge
 1909 Sept 3; pg 146, judge
 1909 Oct 19; pg 147, judge
 1909 Dec 6; pg 148, judge
 1909 Dec 10; pg 149, judge
 1909 Dec 27; pg 150, judge
 1910 Feb 12; pg 151, judge
 1910 Mar 2; pg 152, judge
 1910 Mar 23; pg 153, judge
 1910 May 23; pg 154, judge
 1910 June 11; pg 155, judge
 1910 July 18; pg 156, judge
 1910 Dec 10; pg 157, judge
 1911 Mar 20; pg 158, judge
 1911 Apr 5; pg 159, judge
 1911 Apr 13; pg 160, judge
 1911 Apr 24; pg 161, judge
 1911 May 29; pg 162, judge
 1911 June 21; pg 163, judge
 1911 Oct 9; pg 164, judge
 1911 Oct 24; pg 165, judge
 1911 Dec 26; pg 166, judge
 1912 Mar 28; pg 167, judge
 1912 May 8; pg 169, judge
 1912 May 16; pg 170, judge
 1912 Apr 16; pg 168, judge
 1912 June 17; pg 171, judge
 1912 Aug 10; pg 172, judge
 1912 Sept 9; pg 173, judge
 1912 Oct 12; pg 174, judge
 1913 Aug 27; pg 175, judge
 1913 Oct 6; pg 176, judge
 1914 Jan 21; pg 177, judge
 1914 Mar 20; pg 178, judge
 1914 May 2; pg 179, judge
 1914 July 2; pg 180, judge
 1914 Aug 3; pg 181, judge
 1914 Aug 13; pg 182, judge
 1915 Jan 4; pg 183, judge
 1915 Jan 4; pg 184, judge
 1915 Feb 13; pg 185, judge
 1915 Mar 15; pg 186, judge

Widow's Relinquishment, Volume 1, 1889–1926

Ingram, E J, cont.
1916 Mar 7; pg 190, judge
1916 May 16; pg 191, judge
1916 June 2; pg 192, judge
1916 July 31; pg 193, judge
1916 Aug 7; pg 194, judge
1916 Sept 5; pg 195, judge
1915 Sept 29; pg 187, judge
1915 Oct 26; pg 188, judge
1915 Nov 30; pg 189, judge
1917 Mar 17; pg 196, judge
1917 June 18; pg 197, judge
1917 June 30; pg 198, judge
1917 Sept 1; pg 199, judge
1917 Nov 6; pg 201, judge
1918 Mar 18; pg 202, judge
1918 Aug 19; pg 203, judge
1918 Oct 5; pg 200, judge
1918 Nov 1; pg 204, judge
1918 Nov 16; pg 205, judge
1919 July 17; pg 206, judge
1919 Sept 15; pg 207, judge
1919 Sept 15; pg 208, judge
1919 Sept 20; pg 209, judge
1919 Sept 27; pg 210, judge
1919 Oct 11; pg 211, judge
1919 Nov 24; pg 212, judge
1919 Dec1; pg 213, judge
1919 Dec 19; pg 214, judge
1920 Jan 21; pg 215, judge
1920 Jan 23; pg 216, judge
1920 Mar 27; pg 217, judge
1920 May 3; pg 218, judge
1920 May 6; pg 219, judge
1920 May 17; pg 220, judge
1920 May 22; pg 221, judge
1920 June 3; pg 222, judge
1920 July 8; pg 223, judge
1920 July 30; pg 224, judge
1920 Aug 17; pg 225, judge
1920 Dec 11; pg 226, judge
1921 Jan 8; pg 227, judge
1921 Apr 21; pg 228, judge

1921 May 9; pg 229, judge
1921 June 20; pg 230, judge
1921 July 27; pg 231, judge
1921 July 29; pg 232, judge
1921 Aug 31; pg 233, judge
1921 Sept 6; pg 234, judge
1921 Sept 21; pg 235, judge
1921 Sept 23; pg 236, judge
1921 Sept 23; pg 237, judge
1921 Oct 3; pg 238, judge
1921 Oct 8; pg 239, judge
1921 Oct 17; pg 240, judge
1921 Nov 14; pg 241, judge
1921 Nov 30; pg 242, judge
1921 Dec 22; pg 243, judge
1922 Jan 20; pg 244, judge
1922 Feb 7; pg 245, judge
1922 Mar 13; pg 246, judge
1922 Apr 10; pg 247, judge
1922 May 22; pg 248, judge
1922 July 13; pg 249, judge
1922 July 17; pg 250, judge
1922 Aug 19; pg 251, judge
1922 Aug 19; pg 252, judge
1922 Sept 22; pg 253, judge
1922 Oct 21; pg 254, judge
1922 Oct24; pg 255, judge
1922 Dec 30; pg 256, judge
1923 Jan 8; pg 257, judge
1923 Mar 26; pg 258, judge
1923 Mar 29; pg 259, judge
1923 Apr 28; pg 260, judge
1923 May 1; pg 261, judge
1923 June 4; pg 262, judge
1923 June 16; pg 263, judge
1923 July 9; pg 264, judge
1923 Sept 10; pg 265, judge
1923 Dec 11; pg 266, judge
1923 Dec 21; pg 267, judge
1923 Dec 21; pg 268, judge
1924 Jan 7; pg 269, judge
1924 Feb 2; pg 270, judge
1924 Feb 5; pg 271, judge

1924 Feb 23; pg 272, judge
1924 Mar 19; pg 273, judge
1924 Apr 11; pg 274, judge
1924 Apr 23; pg 275, judge
1924 May 1; pg 276, judge
1924 June 17; pg 277, judge
1924 July 30; pg 278, judge
1924 Oct 14; pg 280, judge
1924 Oct 6; pg 279, judge
1925 Jan 23; pg 281, judge
1925 Feb 11; pg 282, judge
1925 Mar 1; pg 284, judge
1925 Apr 23; pg 283, judge
1925 June 8; pg 285, judge
1925 Aug 4; pg 286, judge
1925 Sept 11; pg 287, judge
1925 Nov 21; pg 288, judge
1925 Dec 14; pg 289, judge
1926 Jan 25; pg 290, judge
1926 Mar 17; pg 291, judge
1926 Mar 29; pg 292, judge

Irwin, Eleanor
1888 May 21; pg 20, widow

Irwin, Hannah R
1898 Jan 31; pg 61, widow

Irwin, Job W
1898 Jan 31; pg 61, deceased

Irwin, Joseph
1888 May 21; pg 20, deceased

J

Jacobson, Henry
1907 Mar 18; pg 126, deceased

Jacobson, Mary
1907 Mar 18; pg 126, widow

Jannacito, Amidore
1906 Aug 27; pg 122, deceased

Jannacito, Antoinetta
1906 Aug 27; pg 122, widow

Jenkins, John T
1899 Mar 27; pg 68, deceased

Jenkins, Margaret E
1899 Mar 27; pg 68, widow

Jester, John A
1892 Feb 27; pg 37, sheriff
1892 Mar 28; pg 38, sheriff
1892 Mar 28; pg 39, sheriff
1892 May 16; pg 40, sheriff
1892 June 20; pg 41, sheriff
1892 July 11; pg 42, sheriff
1892 Aug 8; pg 43, sheriff
1892 Aug 13; pg 44, sheriff
1892 Nov 4; pg 45, sheriff
1892 Dec 27; pg 46, sheriff
1893 May 1; pg 47, sheriff
1893 May 1; pg 48, sheriff
1893 July 24; pg 49, sheriff
1893 Nov 20; pg 50, sheriff

Johnson, Andrew M
1917 June 30; pg 198, deceased

Johnson, Christine
1901 Sept 16; pg 87, widow

Johnson, Eva
1917 June 30; pg 198, widow

Johnson, Frances
1918 Aug 19; pg 203, widow

Johnson, Henry
1901 Sept 16; pg 87, deceased

Johnson, William H
1918 Aug 19; pg 203, deceased

Jones, Charles H
1919 July 17; pg 206, administrator

Joy, C A (Mrs)
1923 Sept 10; pg 265, widow

Joy, John W
1923 Sept 10; pg 265, deceased

K

Kassing, May
1917 Mar 17; pg 196, widow

Kassing, Theodore
1917 Mar 17; pg 196, deceased

Kay, Eliza Alice
1896 Feb 17; pg 53, widow

Kay, George F
1896 Feb 17; pg 53, deceased

Kellogg, Ethel C
1922 Sept 22; pg 253, widow

Kellogg, W H
1922 Sept 22; pg 253, deceased

Kennedy, May E
1912 May 8; pg 169, widow

Kennedy, Thomas Luther
1912 May 8; pg 169, deceased

Kibler, B R
1899 Aug 3; pg 72, clerk

Kibler, B R
1899 Mar 27; pg 68, clerk
1899 May 27; pg 69, clerk
1899 June 21; pg 70, clerk
1899 June 26; pg 71, clerk
1899 Nov 15; pg 73, clerk
1899 Dec 11; pg 74, clerk
1900 Mar 15; pg 75, clerk
1900 May 14; pg 76, clerk
1900 May 21; pg 77, clerk
1900 June 1; pg 78, clerk
1900 July 2; pg 79, clerk
1900 July 23; pg 80, clerk
1900 Oct 16; pg 81, clerk
1900 Oct 22; pg 82, clerk
1900 Oct 22; pg 83, clerk
1901 Feb 27; pg 84, clerk
1901 June 20; pg 85, clerk
1901 July 1; pg 86, clerk

Kief, Margaret
1900 Mar 15; pg 75, widow

Kief, Michael
1900 Mar 15; pg 75, deceased

Kilder, Bridget
1899 May 27; pg 69, widow

Kilder, Owen
1899 May 27; pg 69, deceased

Kinsell, Euphemia L
1909 Oct 19; pg 147, widow

Kinsell, John W
1909 Oct 19; pg 147, deceased

Kirkmeyer, Lena
1909 Dec 6; pg 148, wife

Kirkmeyer, Morice
1909 Dec 6; pg 148, insane person

Kiteley, M C
1908 Oct 10; pg 135, widow

Kiteley, W J
1908 Oct 10; pg 135, deceased

Kitts, Charles
1900 June 1; pg 78, deceased

Kitts, Emma
1900 June 1; pg 78, widow

Knapp, George E
1921 July 29; pg 232, deceased

Knapp, Sarah A
1921 July 29; pg 232, widow

Knight, Estella L
1909 May 6; pg 142, widow

Knight, Harry S
1909 May 6; pg 142, deceased

Knox, Chester W
1907 Feb 8; pg 124, deceased

Knox, Ruth B
1907 Feb 8; pg 124, widow

Widow's Relinquishment, Volume 1, 1889–1926

Kraig, Mary E
1909 Dec 10; pg 149, widow

Kraig, William F
1909 Dec 10; pg 149, deceased

L

Lambert, Minnie (Mrs)
1914 Aug 13; pg 182, witness

Lane, Alice M
1906 Apr 2; pg 121, widow

Lane, L A
1906 Apr 2; pg 121, deceased

Langtry, Albert S
1903 May 23; pg 100, deceased

Langtry, Florence May
1903 May 23; pg 100, widow

Larson, Hannah
1911 May 29; pg 162, widow

Larson, L C
1911 May 29; pg 162, deceased

Layner, Mona A
1909 Feb 26; pg 139, widow

Layner, Peter A
1909 Feb 26; pg 139, deceased

Lee, Joseph
1896 Feb 29; pg 54, administrator

Leonard, Nancy
1892 Nov 4; pg 45, widow

Leonard, Robert
1892 Nov 4; pg 45, deceased

Lesser, Edmund J
1922 Aug 19; pg 252, deceased

Lesser, Gertrude S
1922 Aug 19; pg 252, widow

Lewis, Edwin C
1910 Feb 12; pg 151, deceased

Lewis, Francis C
1910 Feb 12; pg 151, widow

Libby, Agnes R P
1922 July 17; pg 250, widow

Libby, M F
1922 July 17; pg 250, deceased

Lincoln, S F
1893 May 1; pg 47, clerk
1893 July 24; pg 49, clerk
1895 Aug 5; pg 51, clerk

Lincoln, Stanton F
1893 May 1; pg 48, clerk
1893 Nov 20; pg 50, clerk

Linkletter, Sebert (Snebert)
1896 Apr 9; pg 55, administrator

Loughlin, Evalina
1890 Jan 22; pg 26, widow

Loughlin, James
1890 Jan 22; pg 26, deceased

Low, Samantha
1898 June 13; pg 65, widow

Low, Theodor
1898 June 13; pg 65, deceased

Luark, Rosetta A
1919 Dec 19; pg 214, widow

Luark, William S
1919 Dec 19; pg 214, deceased

Lykins, Ann D
1898 May 2; pg 64, widow

Lykins, David J
1898 May 2; pg 64, deceased

Lynch, Daniel L
1896 Apr 9; pg 55, deceased

Lynch, Sadie S
1896 Apr 9; pg 55, widow

Lyon, Alice
1906 Jan 18; pg 119, widow

Widow's Relinquishment, Volume 1, 1889–1926

Lyon, Leonard C
1906 Jan 18; pg 119, deceased

M

Marlow, Mary A
1889 June 17; pg 23, widow

Marlow, Wm A
1889 June 17; pg 23, deceased

Marquardt, Emma Ellen
1903 June 18; pg 101, widow

Marquardt, Frank A
1903 June 18; pg 101, deceased

Martin, Edwin
1908 Oct 27; pg 136, deceased

Martin, H P
1920 Mar 27; pg 217, witness

Martin, Lucinda
1908 Oct 27; pg 136, widow

Mason, John D
1900 Oct 22; pg 83, deceased

Mason, Josephine C
1900 Oct 22; pg 83, widow

Mauzey, Enoch P
1905 Jan 7; pg 111, administrator

Maxwell, James P
1886 May 15; pg 3, executor
1897 Feb 1; pg 57, administrator

McAlpine, Donald D
1900 Oct 22; pg 82, deceased

McAlpine, Lillian M
1900 Oct 22; pg 82, widow

McCammon, Hugh C
1893 July 24; pg 49, deceased

McCammon, Martha L
1893 July 24; pg 49, widow

McCaslin, Walter L
1907 June 22; pg 128, administrator

McConnelee, Andrew J
1912 Apr 16; pg 168, deceased

McConnelee, Nancy C
1912 Apr 16; pg 168, widow

McCorquodale, Helen G
1924 Jan 7; pg 269, widow

McCorquodale, Willard B
1924 Jan 7; pg 269, deceased

McCready, Mary E
1906 Jan 8; pg 117, clerk
1906 Jan 15; pg 118, clerk
1906 Jan 18; pg 119, clerk
1906 Jan 20; pg 120, clerk
1906 Apr 2; pg 121, clerk
1906 Aug 27; pg 122, clerk
1906 Oct 18; pg 123, clerk
1907 Feb 8; pg 124, clerk
1907 Feb 8; pg 125, clerk
1907 Mar 18; pg 126, clerk
1907 June 3; pg 127, clerk
1907 June 22; pg 128, clerk
1907 Aug 26; pg 129, clerk
1907 Sept 28; pg 130, clerk
1907 Nov 27; pg 131, clerk
1908 July 13; pg 132, clerk
1908 July 27; pg 133, clerk
1908 Sept 5; pg 134, clerk
1908 Oct 10; pg 135, clerk
1908 Oct 27; pg 136, clerk

McCulloch, Mary
1914 May 2; pg 179, guardian

McCune, James M
1917 June 18; pg 197, administrator

McCune, Janus
1925 Mar 1; pg 284, witnes

McFerran, Francis A
1892 Mar 28; pg 39, deceased

McFerran, Sarah F
1892 Mar 28; pg 39, widow

McGinn, Clemintia
1891 Sept 18; pg 33, widow

McGinn, James
1891 Sept 18; pg 33, deceased

McGlothlen, A D
1919 Sept 15; pg 208, administrator

Metcalf, Eli
1886 Nov 29; pg 7, sheriff

Metcalf, Eli P
1886 Apr 7; pg 1, sheriff
1886 May 15; pg 3, sheriff
1886 May 24; pg 2, sheriff
1886 June 28; pg 4, sheriff
1886 June 28; pg 5, sheriff
1886 Sept 6; pg 6, sheriff
1887 May 23; pg 8, sheriff
1887 June 20; pg 9, sheriff
1887 Sept 21; pg 10, sheriff
1887 Oct 31; pg 11, sheriff

Miller, Emma L
1902 Feb 14; pg 96, widow

Miller, George C
1902 Feb 14; pg 96, deceased

Miller, John S
1891 May 1; pg 31, deceased

Miller, Sarah E
1891 May 1; pg 31, widow

Miser, Carl W
1989 Apr 4; pg 63, deceased

Miser, Susie M
1989 Apr 4; pg 63, widow

Mitchell, Joseph
1912 Sept 9; pg 173, administrator

Moore, Esreranza C
1916 July 31; pg 193, widow

Moore, Rosco C
1916 July 31; pg 193, deceased

Morath, Edward J
1892 May 16; pg 40, administrator

Morger, Mary E
1886 May 24; pg 2, widow

Morger, Romantus B
1886 May 24; pg 2, deceased

Morrill, Alma S
1911 Dec 26; pg 166, clerk

Morrill, Alma S
1911 Oct 9; pg 164, clerk
1911 Oct 24; pg 165, clerk
1917 June 18; pg 197, clerk
1917 June 30; pg 198, clerk

Morrison, Frank
1909 Feb 2; pg 137, deceased

Morrison, Viva M
1909 Feb 2; pg 137, widow

Mosher, Perl J
1920 May 6; pg 219, administrator

Mosher, Philip S
1920 May 6; pg 219, deceased

Mosher, Sarah D
1920 May 6; pg 219, widow

Mudd, Adelia Kerr
1918 Mar 18; pg 202, widow

Mudd, Dan A
1918 Mar 18; pg 202, deceased

Mumford, Joseph M
1904 Aug 11; pg 108, deceased

Mumford, Margaret J
1904 Aug 11; pg 108, widow

Murphy, Annie
1892 Dec 27; pg 46, widow

Murphy, John J
1892 Dec 27; pg 46, deceased

Murphy, Mary A
1904 Aug 31; pg 109, widow

Widow's Relinquishment, Volume 1, 1889–1926

Murphy, Peter F
1904 Aug 31; pg 109, administrator

Murphy, Peter J
1904 Aug 31; pg 109, deceased

Myers, Mary B
1922 Apr 10; pg 247, widow

Myers, Samuel B
1922 Apr 10; pg 247, deceased

N

Neiheisel, Lulu A
1926 Mar 17; pg 291, widow

Neiheisel, William
1926 Mar 17; pg 291, deceased

Newland, Mary E
1886 Nov 29; pg 7, widow

Newland, William
1886 Nov 29; pg 7, deceased

Nichols, David H
1901 Oct 11; pg 92, deceased

Nichols, Elizabeth
1901 Oct 11; pg 92, widow

Nichols, Franc P
1901 Oct 11; pg 92, administrator

Nicholson, Carrie H
1902 July 21; pg 99, widow

Nicholson, J H
1900 July 23; pg 80, administrator

Nicholson, John H
1902 July 21; pg 99, deceased

Noble, Emily
1898 Mar 7; pg 62, widow

Noble, James
1898 Mar 7; pg 62, deceased

Noble, William
1898 Mar 7; pg 62, administrator

Nortin, Clintin B
1888 Feb 20; pg 19, deceased

Nortin, Luch S
1888 Feb 20; pg 19, widow

O

Oates, Anthony
1900 May 21; pg 77, deceased

Oates, Jane
1900 May 21; pg 77, widow

Ostone, David
1911 Apr 24; pg 161, administrator

P

Palmer, Herbert E
1920 June 3; pg 222, deceased

Palmer, Lura
1920 June 3; pg 222, widow

Parsons, Charles L
1924 Apr 23; pg 275, deceased

Parsons, Jennie C
1924 Apr 23; pg 275, widow

Pease, William H
1910 Feb 12; pg 151, executor

Peck, Eva
1915 Mar 15; pg 186, widow

Peck, George H
1915 Mar 15; pg 186, deceased

Peck, Jemima S
1903 July 27; pg 102, widow

Peck, William S
1903 July 27; pg 102, deceased

Peterson, Clinton C
1899 Nov 15; pg 73, deceased

Peterson, Emma
1899 Nov 15; pg 73, wife

Widow's Relinquishment, Volume 1, 1889–1926

Pfleiderer, Bertha J
1921 Sept 23; pg 236, widow

Pfleiderer, Walter H
1921 Sept 23; pg 236, deceased

Phelps, Hubert N
1915 Jan 4; pg 184, deceased

Phelps, Jay
1915 Jan 4; pg 184, administrator

Phelps, Matilda
1915 Jan 4; pg 184, widow

Phibbs, Albert
1920 May 22; pg 221, administrator

Phillips, Martin J
1925 Mar 1; pg 284, deceased

Phillips, Mary P
1925 Mar 1; pg 284, widow

Pierson, Carl G
1901 Sept 30; pg 89, administrator
1906 Jan 15; pg 118, deceased

Pierson, Carolina
1901 Sept 30; pg 89, widow

Pierson, Hulda
1906 Jan 15; pg 118, widow

Pierson, Peter
1901 Sept 30; pg 89, deceased

Pilcher, Lizzie A
1925 June 8; pg 285, widow

Pilcher, W E
1925 June 8; pg 285, deceased

Pirren [Perrin], John
1888 May 24; pg 16, deceased

Pirren [Perrin], Mercy J
1888 May 24; pg 16, widow

Pool, W H
1901 Aug 31; pg 88, administrator

Potter, Edward H
1925 Jan 23; pg 281, deceased

Potter, Orva
1925 Jan 23; pg 281, widow

Pritchard, Daniel N
1913 Aug 27; pg 175, deceased

Pritcherd, Lorena L
1913 Aug 27; pg 175, widow

Purquite, J W
1911 Apr 5; pg 159, deceased

Purquite, Mary E
1911 Apr 5; pg 159, widow

R

Rannells, Annie E
1892 June 20; pg 41, widow

Rannells, Benjamin B
1892 June 20; pg 41, deceased

Redmond, T F
1892 Mar 28; pg 39, administrator

Reed West & Gross
1912 Apr 16; pg 168, attorneys

Reed, C C
1919 Sept 15; pg 208, deceased

Reed, Martha E
1919 Sept 15; pg 208, widow

Renkes, Charles W
1910 June 11; pg 155, deceased

Renkes, Luetta M
1910 June 11; pg 155, widow

Rhoades, Billi
1904 Mar 14; pg 104, widow

Rhoades, Perry E
1904 Mar 14; pg 104, deceased

Rogers, George
1887 May 23; pg 8, judge
1887 June 20; pg 9, judge
1887 Sept 21; pg 10, judge
1887 Oct 31; pg 11, judge

Rogers, George, cont.
1888 Jan 19; pg 12, judge
1888 Jan 30; pg 13, judge
1888 Feb 20; pg 19, judge
1888 Apr 17; pg 14, judge
1888 May 14; pg 15, judge
1888 May 21; pg 20, judge
1888 May 24; pg 16, judge
1888 Aug 31; pg 17, judge
1888 Nov 24; pg 18, judge
1889 Apr 22; pg 21, judge
1889 May 20; pg 22, judge
1889 June 17; pg 23, judge
1889 July 20; pg 24, judge
1889 Aug 26; pg 25, judge
1890 Jan 22; pg 26, judge
1890 May 19; pg 27, judge
1890 Sept 29; pg 28, judge
1890 Nov 3; pg 29, judge
1890 Nov 28; pg 30, judge
1891 May 1; pg 31, judge
1891 May 11; pg 32, judge
1891 Sept 18; pg 33, judge
1891 Oct 12; pg 34, judge
1891 Oct 26; pg 35, judge
1891 Nov 2; pg 36, judge
1892 Feb 27; pg 37, judge
1892 Mar 28; pg 38, judge
1892 Mar 28; pg 39, judge
1892 May 16; pg 40, judge
1892 June 20; pg 41, judge
1892 July 11; pg 42, judge
1892 Aug 13; pg 44, judge
1892 Aug 8; pg 43, judge
1892 Nov 4; pg 45, judge
1892 Dec 27; pg 46, judge

Roose, John
1889 July 20; pg 24, deceased

Roose, Mary
1889 July 20; pg 24, widow

Rosenbaum, Anna
1897 July 26; pg 60, widow

Rosenbaum, Anton
1897 July 26; pg 60, deceased

Rosenbaum, C C
1897 July 26; pg 60, administrator

Rosenbaum, M L
1897 July 26; pg 60, administrator

Roth, Charlotte M
1888 Jan 19; pg 12, widow

Roth, James E
1888 Jan 19; pg 12, deceased

Rufe, Hester A
1924 Apr 11; pg 274, widow

Rufe, William C
1924 Apr 11; pg 274, deceased

Runyan, Issac
1896 Feb 29; pg 54, deceased

Runyan, Mary Jane
1896 Feb 29; pg 54, widow

Rush, Carrie P
1890 May 19; pg 27, widow

Rush, George W
1890 May 19; pg 27, deceased

Rush, Isabelle L
1921 June 20; pg 230, widow

Rush, J A
1921 June 20; pg 230, deceased

S

Sager, H B
1921 Oct 8; pg 239, deceased

Sager, Myra L
1921 Oct 8; pg 239, widow

Sailer, Isabella
1926 Mar 29; pg 292, widow

Sailer, John
1926 Mar 29; pg 292, deceased

Salinger, Harry A
1910 Mar 23; pg 153, administrator

Savory, Clara
1888 May 14; pg 15, widow

Savory, George F
1888 May 14; pg 15, deceased

Schneider, Louis P
1906 Jan 8; pg 117, administrator

Schofield, Elmer E
1923 Mar 29; pg 259, deceased

Schofield, Emma L
1923 Mar 29; pg 259, widow

Scott, H S
1899 Mar 27; pg 68, administrator

Secor, Frank P
1896 Jan 27; pg 52, judge
1896 Feb 17; pg 53, judge
1896 Feb 29; pg 54, judge
1896 Apr 9; pg 55, judge
1896 Nov 30; pg 56, judge
1897 Feb 1; pg 57, judge
1897 Mar 27; pg 58, judge
1897 July 26; pg 59, judge
1897 July 26; pg 60, judge
1898 Jan 31; pg 61, judge
1898 Mar 7; pg 62, judge
1898 May 2; pg 64, judge
1898 June 13; pg 65, judge
1898 Aug 31; pg 66, judge
1989 Apr 4; pg 63, judge

Secor, Helen M
1888 Nov 24; pg 18, widow

Secor, William W
1888 Nov 24; pg 18, deceased

Seelman, Irene I
1924 Feb 2; pg 270, widow

Seelman, Jacob L
1924 Feb 2; pg 270, deceased

Sheridan, Annie C
1891 May 11; pg 32, widow

Sheridan, Rufus P
1891 May 11; pg 32, deceased

Sherwood, F
1890 Nov 3; pg 29, administrator

Shore, Christina
1922 Aug 19; pg 251, widow

Shore, Frank
1922 Aug 19; pg 251, deceased

Shore, O W
1922 Aug 19; pg 251, executor

Siberts, Aubrey T
1906 Jan 20; pg 120, deceased

Siberts, Myrtle L
1906 Jan 20; pg 120, widow

Sipple, Flora D
1909 Apr 2; pg 140, widow
1909 Dec 27; pg 150, widow

Sipple, T J
1900 Mar 15; pg 75, sheriff
1900 May 14; pg 76, sheriff
1900 May 21; pg 77, sheriff
1900 June 1; pg 78, sheriff
1900 July 2; pg 79, sheriff
1900 July 23; pg 80, sheriff
1900 Oct 16; pg 81, sheriff
1900 Oct 22; pg 83, sheriff
1900 Oct 22; pg 82, sheriff
1901 Aug 31; pg 88, sheriff
1901 Sept 16; pg 87, sheriff
1901 Sept 30; pg 89, sheriff
1901 Oct 11; pg 92, sheriff
1901 Oct 7; pg 90, sherif
1901 Nov 12; pg 93, sheriff
1902 Jan 18; pg 94, sheriff
1902 Feb 6; pg 95, sheriff
1902 Feb 14; pg 96, sheriff
1902 Feb 29; pg 97, sheriff
1902 Mar 7; pg 98, sheriff

Widow's Relinquishment, Volume 1, 1889–1926

Sipple, T J, cont.
1902 July 21; pg 99, sheriff
1903 May 23; pg 100, sheriff
1903 June 18; pg 101, sheriff
1903 July 27; pg 102, sheriff
1903 Nov 24; pg 103, sheriff
1904 Mar 14; pg 104, sheriff
1904 May 11; pg 105, sheriff
1904 June 15; pg 106, sheriff
1904 July 8; pg 107, sheriff
1904 Aug 11; pg 108, sheriff
1904 Aug 31; pg 109, sheriff
1904 Sept; pg 110, sheriff
1905 Jan 7; pg 111, sheriff

Sipple, Thomas J
1909 Apr 2; pg 140, deceased
1909 Dec 27; pg 150, deceased

Sipple, Thos J
1901 Feb 27; pg 84, sheriff
1901 June 20; pg 85, sheriff
1901 July 1; pg 86, sheriff

Sisson, Charles
1922 Dec 30; pg 256, deceased

Sisson, Maude E
1922 Dec 30; pg 256, widow

Skinner, Alfred E
1925 Sept 11; pg 287, deceased

Skinner, Lillian M
1925 Sept 11; pg 287, guardian

Skinner, Thelma Lucy
1925 Sept 11; pg 287, orphan of Alfred E Skinner, deceased

Slauter, Larkin J
1920 May 3; pg 218, deceased

Slauter, Lottie
1920 May 3; pg 218, widow

Sloan, Elizabeth V
1920 Dec 11; pg 226, widow

Sloan, Foreman
1920 Dec 11; pg 226, deceased

Smith, Bertha J
1924 July 30; pg 278, widow

Smith, Charles A
1924 July 30; pg 278, deceased

Smith, Edwin H
1921 May 9; pg 229, deceased

Smith, F H
1924 Mar 19; pg 273, deceased

Smith, Gertrude Collins
1920 July 30; pg 224, widow

Smith, Helen M
1897 Feb 1; pg 57, widow

Smith, Jennie
1921 May 9; pg 229, widow

Smith, Nelson K
1897 Feb 1; pg 57, deceased

Smith, Nettie
1924 Mar 19; pg 273, widow

Smith, William Flint
1920 July 30; pg 224, deceased

Snyder, John A
1906 Jan 8; pg 117, guardian

Snyder, Lewis D
1906 Jan 8; pg 117, deceased

Sopliff, J J
1890 Nov 28; pg 30, executor

Spier, E Mae
1923 July 9; pg 264, widow

Spier, William
1923 July 9; pg 264, deceased

Spring, Nettie C
1909 June 25; pg 143, widow
1909 July 3; pg 145, widow

Spring, Samuel Arthur
 1909 June 25; pg 143, deceased
 1909 July 3; pg 145, deceased

Stagelman, Lillie
 1916 May 16; pg 191, widow

Stagelman, William A
 1916 May 16; pg 191, deceased

Staley, Amanda
 1902 Mar 7; pg 98, widow

Staley, George
 1902 Mar 7; pg 98, deceased

Steele, John D
 1899 Dec 11; pg 74, administrator

Sternberg, DeKalb
 1912 Aug 10; pg 172, deceased

Sternberg, Mary
 1912 Aug 10; pg 172, widow

Stevens, Elizabeth
 1901 July 1; pg 86, widow

Stevens, Eugene
 1923 Apr 28; pg 260, deceased

Stevens, Ino G
 1923 Apr 28; pg 260, widow

Stevens, Spencer
 1901 July 1; pg 86, deceased

Stewart, James C
 1892 Feb 27; pg 37, deceased

Stewart, Ruth C
 1892 Feb 27; pg 37, widow

Stickney, F H
 1901 Sept 16; pg 87, administrator

Stickney, Frank H
 1887 Oct 31; pg 11, administrator

Stiles, Elwood W
 1886 June 28; pg 4, deceased

Stiles, Lillian B
 1886 June 28; pg 4, widow

Stockton, F H
 1891 Oct 26; pg 35, attorney

Stolus, Carl
 1920 Jan 21; pg 215, deceased

Stolus, Maggie
 1920 Jan 21; pg 215, widow

Strand, Alice
 1905 [1906] Jan 2; pg 116,

Strand, Oli E
 1905 [1906] Jan 2; pg 116, deceased

Strock, David B
 1922 Oct 21; pg 254, deceased

Strock, Louella
 1922 Oct 21; pg 254, widow

Stuart, John F
 1887 Sept 21; pg 10, administrator

Sturtevant, Alma
 1909 Feb 2; pg 137, clerk
 1909 Feb 18; pg 138, clerk
 1909 Feb 26; pg 139, clerk
 1909 Apr 1; pg 141, clerk
 1909 Apr 2; pg 140, clerk
 1909 May 6; pg 142, clerk
 1909 June 25; pg 143, clerk
 1909 July 1; pg 144, clerk
 1909 July 3; pg 145, clerk
 1909 Oct 19; pg 147, clerk
 1909 Sept 3; pg 146, clerk
 1909 Dec 6; pg 148, clerk
 1909 Dec 10; pg 149, clerk
 1909 Dec 27; pg 150, clerk
 1910 Feb 12; pg 151, clerk
 1910 Mar 2; pg 152, clerk
 1910 Mar 23; pg 153, clerk
 1910 June 11; pg 155, clerk
 1910 July 18; pg 156, clerk
 1910 May 23; pg 154, clerk
 1910 Dec 10; pg 157, clerk
 1911 Mar 20; pg 158, clerk
 1911 Apr 5; pg 159, clerk

Widow's Relinquishment, Volume 1, 1889–1926

Sturtevant, Alma, cont.
1911 Apr 13; pg 160, clerk
1911 Apr 24; pg 161, clerk
1911 May 29; pg 162, clerk
1911 June 21; pg 163, clerk

Sutter, George G
1925 Apr 23; pg 283, deceased

Sutter, Mary A
1925 Apr 23; pg 283, widow

Sutton, E B
1926 Mar 17; pg 291, administrator

Swearingen, Hazel W
1922 July 13; pg 249, widow

Swearingen, Otho
1922 July 13; pg 249, deceased

T

Taylor, John M
1907 June 3; pg 127, deceased

Taylor, May E
1907 June 3; pg 127, widow

Temple, Edwin J
1886 May 15; pg 3, executor

Thompson, Bertha M
1902 Jan 18; pg 94, clerk
1902 Feb 6; pg 95, clerk
1902 Feb 14; pg 96, clerk
1902 Feb 29; pg 97, clerk
1902 Mar 7; pg 98, clerk
1902 July 21; pg 99, clerk
1903 May 23; pg 100, clerk
1903 June 18; pg 101, clerk
1903 July 27; pg 102, clerk
1903 Nov 24; pg 103, clerk
1904 Mar 14; pg 104, clerk
1904 May 11; pg 105, clerk
1904 June 15; pg 106, clerk
1904 July 8; pg 107, clerk
1904 Aug 11; pg 108, clerk
1904 Aug 31; pg 109, clerk
1904 Sept; pg 110, clerk
1905 Jan 7; pg 111, clerk
1905 Jan 16; pg 112, clerk
1905 May 11; pg 113, clerk
1905 Sept 8; pg 114, clerk
1905 Nov 22; pg 115, clerk
1905 [1906] Jan 2; pg 116, clerk

Thompson, John B
1890 Sept 29; pg 28, administrator

Thompson, T J
1899 Mar 27; pg 68, sheriff
1899 May 27; pg 69, sheriff
1899 June 21; pg 70, sheriff
1899 June 26; pg 71, sheriff
1899 Aug 3; pg 72, sheriff
1899 Nov 15; pg 73, sheriff
1899 Dec 11; pg 74, sheriff

Thompson, Thomas J
1898 Jan 31; pg 61, sheriff
1898 Mar 7; pg 62, sheriff
1898 Apr 4; pg 63, sheriff
1898 May 2; pg 64, sheriff
1898 June 13; pg 65, sheriff
1898 Aug 31; pg 66, sheriff
1898 Dec 5; pg 67, sheriff

Thurston, Anna D
1912 Mar 28; pg 167, clerk
1912 Apr 16; pg 168, clerk
1912 May 8; pg 169, clerk
1912 May 16; pg 170, clerk
1912 June 17; pg 171, clerk
1912 Aug 10; pg 172, clerk
1912 Sept 9; pg 173, clerk
1912 Oct 12; pg 174, clerk
1913 Aug 27; pg 175, clerk
1913 Oct 6; pg 176, clerk
1914 Jan 21; pg 177, clerk
1914 Mar 20; pg 178, clerk
1914 May 2; pg 179, clerk
1914 July 2; pg 180, clerk
1914 Aug 3; pg 181, clerk
1914 Aug 13; pg 182, clerk

Widow's Relinquishment, Volume 1, 1889–1926

1915 Jan 4; pg 183, clerk
1915 Jan 4; pg 184, clerk
1915 Feb 13; pg 185, clerk
1915 Mar 15; pg 186, clerk
1915 Sept 29; pg 187, clerk
1915 Oct 26; pg 188, clerk
1915 Nov 30; pg 189, clerk
1916 Mar 7; pg 190, clerk
1916 May 16; pg 191, clerk
1916 June 2; pg 192, clerk
1916 July 31; pg 193, clerk
1916 Aug 7; pg 194, clerk
1917 Mar 17; pg 196, clerk
1917 Sept 1; pg 199, clerk
1917 Nov 6; pg 201, clerk
1918 Mar 18; pg 202, clerk
1918 Aug 19; pg 203, clerk
1918 Oct 5; pg 200, clerk
1918 Nov 1; pg 204, clerk
1918 Nov 16; pg 205, clerk
1919 July 17; pg 206, clerk
1919 Sept 15; pg 207, clerk
1919 Sept 15; pg 208, clerk
1919 Sept 20; pg 209, clerk
1919 Sept 27; pg 210, clerk
1919 Oct 11; pg 211, clerk
1919 Nov 24; pg 212, clerk
1919 Dec 19; pg 214, clerk
1919 Dec1; pg 213, clerk
1920 Jan 21; pg 215, clerk
1920 Jan 23; pg 216, clerk
1920 Mar 27; pg 217, clerk
1920 May 3; pg 218, clerk
1920 May 6; pg 219, clerk
1920 May 17; pg 220, clerk
1920 May 22; pg 221, clerk
1920 June 3; pg 222, clerk
1920 July 8; pg 223, clerk
1920 July 30; pg 224, clerk
1920 Aug 17; pg 225, clerk
1920 Dec 11; pg 226, clerk
1921 Jan 8; pg 227, clerk
1921 Apr 21; pg 228, clerk

1921 May 9; pg 229, clerk
1921 June 20; pg 230, clerk
1921 July 27; pg 231, clerk
1921 July 29; pg 232, clerk
1921 Aug 31; pg 233, clerk
1921 Sept 6; pg 234, clerk
1921 Sept 21; pg 235, clerk
1921 Sept 23; pg 236, clerk
1921 Sept 23; pg 237, clerk
1921 Oct 3; pg 238, clerk
1921 Oct 8; pg 239, clerk
1921 Oct 17; pg 240, clerk
1921 Nov 14; pg 241, clerk
1921 Nov 30; pg 242, clerk
1921 Dec 22; pg 243, clerk
1922 Jan 20; pg 244, clerk
1922 Feb 7; pg 245, clerk
1922 Mar 13; pg 246, clerk
1922 Apr 10; pg 247, clerk
1922 May 22; pg 248, clerk
1922 July 13; pg 249, clerk
1922 July 17; pg 250, clerk
1922 Aug 19; pg 251, clerk
1922 Aug 19; pg 252, clerk
1922 Sept 22; pg 253, clerk
1922 Oct 21; pg 254, clerk
1922 Oct 24; pg 255, clerk
1922 Dec 30; pg 256, clerk
1923 Jan 8; pg 257, clerk
1923 Mar 26; pg 258, clerk
1923 Mar 29; pg 259, clerk
1923 Apr 28; pg 260, clerk
1923 May 1; pg 261, clerk
1923 June 4; pg 262, clerk
1923 June 16; pg 263, clerk
1923 July 9; pg 264, clerk
1923 Sept 10; pg 265, clerk
1923 Dec 11; pg 266, clerk
1923 Dec 21; pg 267, clerk
1923 Dec 21; pg 268, clerk
1924 Jan 7; pg 269, clerk
1924 Feb 2; pg 270, clerk
1924 Feb 5; pg 271, clerk

Widow's Relinquishment, Volume 1, 1889–1926

Thurston, Anna D, cont.
1924 Feb 23; pg 272, clerk
1924 Mar 19; pg 273, clerk
1924 Apr 11; pg 274, clerk
1924 Apr 23; pg 275, clerk
1924 May 1; pg 276, clerk
1924 June 17; pg 277, clerk
1924 July 30; pg 278, clerk
1924 Oct 6; pg 279, clerk
1924 Oct 14; pg 280, clerk
1925 Jan 23; pg 281, clerk
1925 Feb 11; pg 282, clerk
1925 Mar 1; pg 284, clerk
1925 Apr 23; pg 283, clerk
1925 June 8; pg 285, clerk
1925 Aug 4; pg 286, clerk
1925 Sept 11; pg 287, clerk
1925 Nov 21; pg 288, clerk
1925 Dec 14; pg 289, clerk
1926 Jan 25; pg 290, clerk
1926 Mar 17; pg 291, clerk
1926 Mar 29; pg 292, clerk

Tiffany, Alice W
1898 Aug 31; pg 66, widow

Tiffany, Willard H
1898 Aug 31; pg 66, deceased

Tinglaf, Birger
1920 Mar 27; pg 217, witness

Topliff, Joseph J
1895 Aug 5; pg 51, deceased

Topliff, Minerva C
1895 Aug 5; pg 51, widow

Tourtellot, James B
1910 July 18; pg 156, deceased

Tourtellot, Sarah
1910 July 18; pg 156, widow

Trezise, Georgina
1918 Nov 16; pg 205, widow

Trezise, John G
1918 Nov 16; pg 205, deceased

Tyler, Clinton M
1886 May 15; pg 3, deceased

Tyler, S Emma
1886 May 15; pg 3, widow

V

Van Pelt, Frank D
1923 May 1; pg 261, deceased

Van Pelt, Millie
1923 May 1; pg 261, widow

Van Valkenburg, Galen B
1897 July 26; pg 59, deceased

Van Valkenburg, Mary R
1897 July 26; pg 59, widow

Vassar, Charles Roderick
1909 Apr 1; pg 141, deceased

Vassar, Minnie Bell
1909 Apr 1; pg 141, orphan of Charles Roderick Vassar, deceased

Vaughn, Mary
1909 Feb 18; pg 138, widow

Vaughn, Thomas
1909 Feb 18; pg 138, deceased

Venette, Frederich L
1919 Nov 24; pg 212, deceased

Venette, Sabina M
1919 Nov 24; pg 212, widow

Veysey, Ernest Charles
1921 Apr 21; pg 228, deceased

Veysey, Lillian
1921 Apr 21; pg 228, widow

Volz, Mary
1921 Oct 3; pg 238, widow

Volz, Paul P
1921 Oct 3; pg 238, deceased

W

Walker, E S
 1886 May 15; pg 3, clerk
 1887 May 23; pg 8, clerk
 1891 May 1; pg 31, clerk
 1892 Mar 28; pg 38, clerk
 1892 Mar 28; pg 39, clerk
 1892 May 16; pg 40, clerk
 1892 July 11; pg 42, clerk

Walker, Edward S
 1886 Apr 7; pg 1, clerk
 1886 May 24; pg 2, clerk
 1886 June 28; pg 4, clerk
 1886 June 28; pg 5, clerk
 1886 Sept 6; pg 6, clerk
 1886 Nov 29; pg 7, clerk
 1887 June 20; pg 9, clerk
 1887 Sept 21; pg 10, clerk
 1887 Oct 31; pg 11, clerk
 1888 Jan 19; pg 12, clerk
 1888 Jan 30; pg 13, clerk
 1888 Feb 20; pg 19, clerk
 1888 Apr 17; pg 14, clerk
 1888 May 14; pg 15, clerk
 1888 May 21; pg 20, clerk
 1888 May 24; pg 16, clerk
 1888 Aug 31; pg 17, clerk
 1888 Nov 24; pg 18, clerk
 1889 Apr 22; pg 21, clerk
 1889 May 20; pg 22, clerk
 1889 June 17; pg 23, clerk
 1889 July 20; pg 24, clerk
 1889 Aug 26; pg 25, clerk
 1890 Jan 22; pg 26, clerk
 1890 May 19; pg 27, clerk
 1890 Sept 29; pg 28, clerk
 1890 Nov 3; pg 29, clerk
 1890 Nov 28; pg 30, clerk
 1891 May 11; pg 32, clerk
 1891 Sept 18; pg 33, clerk
 1891 Oct 12; pg 34, clerk
 1891 Oct 26; pg 35, clerk
 1891 Nov 2; pg 36, clerk
 1892 Feb 27; pg 37, clerk
 1892 June 20; pg 41, clerk
 1892 Aug 8; pg 43, clerk
 1892 Aug 13; pg 44, clerk
 1892 Nov 4; pg 45, clerk
 1892 Dec 27; pg 46, clerk

Walker, William E
 1922 Jan 20; pg 244, administrator

Walter, Emily T
 1886 Sept 6; pg 6, widow

Walters, Enoch
 1886 Sept 6; pg 6, deceased

Warner, Willi A
 1898 Aug 31; pg 66, administrator

Warsley, Francis W
 1921 Sept 23; pg 237, deceased

Warsley, Kate
 1921 Sept 23; pg 237, widow

Wells, John H
 1886 Apr 7; pg 1, judge
 1886 May 15; pg 3, judge
 1886 May 24; pg 2, judge
 1886 June 28; pg 4, judge
 1886 June 28; pg 5, judge
 1886 Sept 6; pg 6, judge
 1886 Nov 29; pg 7, judge

West (Reed West & Gross)
 1912 Apr 16; pg 168, attorneys

Wetterberg, Christine
 1912 June 17; pg 171, widow

Wetterberg, Nicholas J
 1912 June 17; pg 171, deceased

Whipple, Carrie
 1919 Sept 27; pg 210, widow

Whipple, Everett A
 1919 Sept 27; pg 210, deceased

Widow's Relinquishment, Volume 1, 1889–1926

White, Eben
1895 Aug 5; pg 51, conservator
1900 Oct 16; pg 81, administrator

White, Elizabeth B
1889 May 20; pg 22, widow

White, Harry D
1904 July 8; pg 107, deceased

White, Hattie
1904 July 8; pg 107, widow

White, John G
1901 Nov 12; pg 93, deceased

White, John N
1889 May 20; pg 22, deceased

White, Rhoda A
1901 Nov 12; pg 93, widow

White, William
1906 Oct 18; pg 123, administrator

Whiteley, Mollie George (Mrs)
1890 Nov 3; pg 29, widow

Whiteley, R H
1892 Aug 13; pg 44, attorney

Whiteley, R H (Jr)
1891 Sept 18; pg 33, attorney

Whiteley, Richard H
1890 Nov 3; pg 29, deceased

Wilcox, Emma L
1909 Sept 3; pg 146, widow, now known as Emma L Haas

Wilcox, Leroy A
1909 Sept 3; pg 146, deceased

Wilkinson, Jane
1921 Nov 14; pg 241, widow

Wilkinson, W J
1921 Nov 14; pg 241, deceased

Williams, Addie M
1920 July 8; pg 223, widow

Williams, Annie J
1921 Oct 17; pg 240, widow

Williams, Benjamin M
1924 May 1; pg 276, deceased

Williams, Charles M
1920 July 8; pg 223, deceased

Williams, Elizabeth Jane
1924 May 1; pg 276, widow

Williams, Fred W
1919 July 17; pg 206, deceased

Williams, George
1921 Oct 17; pg 240, deceased

Williamson, Abram
1905 Nov 22; pg 115, deceased

Williamson, Elizabeth A
1905 Nov 22; pg 115, widow

Willis, W A
1899 May 27; pg 69, administrator
1900 May 21; pg 77, administrator

Willson, Ike G
1908 Sept 5; pg 134, deceased

Wilson, Dora P.
1908 Sept 5; pg 134, widow

Wilson, I V
1898 Jan 31; pg 61, administrator

Winiger, Elizabeth
1892 Aug 8; pg 43, widow

Winiger, Henry
1892 Aug 8; pg 43, administrator

Winiger, Joseph
1892 Aug 8; pg 43, deceased

Word, Katharine
1916 Sept 5; pg 195, widow

Word, Wilbur C
1916 Sept 5; pg 195, deceased

Wright, Alpheus
1893 May 1; pg 47, judge
1893 May 1; pg 48, judge
1893 July 24; pg 49, judge
1895 Aug 5; pg 51, judge
1893 Nov 20; pg 50, judge

Wright, Robert
1917 June 18; pg 197, deceased

Wright, Sara B
1917 June 18; pg 197, widow

Y

Yates, Alfred
1919 Sept 20; pg 209, deceased

Yates, Sally B
1919 Sept 20; pg 209, widow

Young, Fred H
1901 Aug 31; pg 88, deceased

Young, Katie W.
1915 Feb 13; pg 185, widow

Young, Sarah E
1901 Aug 31; pg 88, widow

Young, William B
1915 Feb 13; pg 185, deceased

A

Allis Chalmers
1926 Jun 28; pg 5, mfg co
1926 Aug 10; pg 8, mfg co

Allis Chalmers Mfg Co
1926 Jun 28; pg 5

American National Bank of Longmont
1927 Mar 12; pg 13, administrator

Anderson, Carl Gust
1926 Apr 24; pg 1, deceased

Austin, Eugene A
1928 Mar 22; pg 24, deceased

Austin, Sadie P
1928 Mar 22; pg 24, widow

B

Blankenship, Edward
1934 Jun 11; pg 53, deceased

Blankenship, Ida
1934 Jun 11; pg 53, widow

Blum, Robert V
1926 Apr 24; pg 1, sheriff
1926 Apr 26; pg 2, sheriff
1926 May 17; pg 3, sheriff
1926 Jun 11; pg 4, sheriff
1926 Jun 28; pg 5, sheriff
1926 Jul 19; pg 6, sheriff
1926 Jul 20; pg 7, sheriff
1926 Aug 10; pg 8, sheriff
1926 Sep 28; pg 9, sheriff
1926 Oct 4; pg 10, sheriff
1926 Oct 18; pg 11, sheriff
1927 Feb 25; pg 12, sheriff
1927 Mar 12; pg 13, sheriff
1927 Mar 19; pg 14, sheriff
1927 Mar 21; pg 15, sheriff
1927 Apr 9; pg 16, sheriff
1927 May 12; pg 17, sheriff
1927 Oct 31; pg 19, sheriff
1927 Sep 13; pg 18, sheriff
1927 Dec 30; pg 20, sheriff
1928 Feb 6; pg 21, sheriff
1928 Feb 14; pg 22, sheriff
1928 Mar 9; pg 23, sheriff
1928 Mar 22; pg 24, sheriff
1928 Apr 2; pg 25, sheriff
1928 May 28; pg 26, sheriff
1928 Jun 29; pg 27, sheriff
1928 Jul 10; pg 28, sheriff
1928 Jul 17; pg 29, sheriff
1928 Oct 11; pg 30, sheriff
1928 Nov 20; pg 31, sheriff
1928 Nov 20; pg 32, sheriff
1928 Dec 3; pg 33, sheriff
1929 Jan 21; pg 34, sheriff
1929 Feb 2; pg 35, sheriff
1929 Mar 25; pg 36, sheriff
1929 Mar 30; pg 37, sheriff
1929 Apr 8; pg 38, sheriff
1929 Apr 20; pg 39, sheriff
1929 Apr 29; pg 40, sheriff
1929 May 1; pg 41, sheriff
1929 Jun 19; pg 42, sheriff
1929 Jul 25; pg 43, sheriff
1929 Aug 12; pg 44, sheriff
1929 Sep 30; pg 45, sheriff
1930 Feb 17; pg 46, sheriff
1930 Mar 31; pg 48, sheriff
1930 Apr 16; pg 47, sheriff
1930 Sep 29; pg 50, sheriff
1931 Jun 5; pg 51, sheriff
1931 Oct 5; pg 52, sheriff

Boggs, F B
1926 Jun 28; pg 5, promissory note
1926 Aug 10; pg 8, promissory note

Boulder Petroleum
1926 Jun 28; pg 5

Burger, Fred W
1936 Mar 3; pg 55, clerk
1937 Apr 23; pg 56, clerk

Burnett, C M
1930 Mar 31; pg 48, deceased

Burnett, Callie
1930 Mar 31; pg 48, alias for Burnett, C M

Burnett, Dora
1930 Mar 31; pg 48, widow

C

Chalmers (Allis Chalmers Mfg Co)
1926 Jun 28; pg 5

Choquette, R A
1926 Jun 28; pg 5, promissory note
1926 Aug 10; pg 8, promissory note

Chubb, Joseph R
1936 Mar 3; pg 55, deceased

Chubb, Opal
1936 Mar 3; pg 55, widow

Clamp, Hal J
1926 Oct 4; pg 10, deceased

Clamp, Lenora C
1926 Oct 4; pg 10, widow

Collins, Abbie Elizabeth
1928 Jun 29; pg 27, widow

Collins, George H
1928 Jun 29; pg 27, deceased

Cox, Ethel V
1929 Jun 19; pg 42, widow

Cox, William J
1929 Jun 19; pg 42, deceased

D

Denio, J W
1931 Jun 5; pg 51, granted water rights

DiDomenico, Angelo
1930 Feb 17; pg 46, deceased

DiDomenico, Lucia
1930 Feb 17; pg 46, widow

Dixon, Adam
1928 Jul 10; pg 28, witness
1928 Jul 10; pg 28, deceased

Dixon, Catherine
1928 Jul 10; pg 28, widow

Dobson, Anna M
1929 Sep 30; pg 45, widow

Dobson, Luther H
1929 Sep 30; pg 45, deceased

Dofflmyre, Annie J
1926 Jul 20; pg 7, widow

Dofflmyre, Charles Christopher
1926 Jul 20; pg 7, deceased

Durand, Everett D
1929 Feb 2; pg 35, deceased

Durand, Mamie
1929 Feb 2; pg 35, widow

E

Earl, Isaac T
1927 Sep 13; pg 18, executor

F

Fallas, Sophia
1928 Feb 6; pg 21, widow

Fallas, William E
1928 Feb 6; pg 21, deceased

Fisher, W A
1926 Jun 11; pg 4, administrator

Forsythe, Elijah E
1928 Jul 17; pg 29, deceased

Forsythe, J F
1928 Mar 9; pg 23, deceased

Forsythe, Kate
1928 Jul 17; pg 29, widow

Forsythe, Mary J
1928 Mar 9; pg 23, widow

G

Gabriel Snubber Mfg Co
1926 Jun 28; pg 5

Gilman, Clara E
1929 May 1; pg 41, widow

Gilman, John L
1929 May 1; pg 41, deceased

Gregg, B Frank
1929 Apr 29; pg 40, deceased

Gregg, Lydia D
1929 Apr 29; pg 40, widow

Guber, Minnie
1927 May 12; pg 17, widow

Guber, Sam
1927 May 12; pg 17, deceased

H

Henderson, E L
1926 Jun 11; pg 4, deceased

Henderson, Kathleen
1926 Jun 11; pg 4, widow

Hornbaker, Carolina V
1926 May 17; pg 3, widow

Hornbaker, Henry H
1926 May 17; pg 3, deceased

Huerfano Texas Oil
1926 Jun 28; pg 5

I

Ingram, E J
1926 Apr 24; pg 1, judge
1926 Apr 26; pg 2, judge
1926 May 17; pg 3, judge
1926 Jun 11; pg 4, judge
1926 Jun 28; pg 5, judge
1926 Jul 19; pg 6, judge
1926 Jul 20; pg 7, judge
1926 Aug 10; pg 8, judge
1926 Sep 28; pg 9, judge
1926 Oct 4; pg 10, judge
1926 Oct 18; pg 11, judge
1927 Feb 25; pg 12, judge
1927 Mar 12; pg 13, judge
1927 Mar 19; pg 14, judge
1927 Mar 21; pg 15, judge
1927 Apr 9; pg 16, judge
1927 May 12; pg 17, judge
1927 Sep 13; pg 18, judge
1927 Oct 31; pg 19, judge
1927 Dec 30; pg 20, judge
1928 Feb 6; pg 21, judge
1928 Feb 14; pg 22, judge
1928 Apr 2; pg 25, judge
1928 Mar 9; pg 23, judge
1928 Mar 22; pg 24, judge
1928 May 28; pg 26, judge
1928 Jun 29; pg 27, judge
1928 Jul 10; pg 28, judge
1928 Jul 17; pg 29, judge
1928 Oct 11; pg 30, judge
1928 Nov 20; pg 31, judge
1928 Nov 20; pg 32, judge
1928 Dec 3; pg 33, judge
1929 Jan 21; pg 34, judge
1929 Feb 2; pg 35, judge
1929 Mar 25; pg 36, judge
1929 Mar 30; pg 37, judge
1929 Apr 8; pg 38, judge
1929 Apr 20; pg 39, judge
1929 Apr 29; pg 40, judge
1929 May 1; pg 41, judge
1929 Jun 19; pg 42, judge
1929 Jul 25; pg 43, judge
1929 Aug 12; pg 44, judge
1929 Sep 30; pg 45, judge
1930 Feb 17; pg 46, judge
1930 Mar 31; pg 48, judge

Ingram, E J, cont.
1930 Apr 16; pg 47, judge
1930 Jul 14; pg 49, judge
1930 Sep 29; pg 50, judge
1931 Jun 5; pg 51, judge
1931 Oct 5; pg 52, judge
1934 Jun 11; pg 53, judge
1934 Dec 12; pg 54, judge
1936 Mar 3; pg 55, judge
1937 Apr 23; pg 56, judge

J

Jackson, Emma A
1929 Apr 20; pg 39, widow

Jackson, Gustav A
1929 Apr 20; pg 39, deceased

Jenkins, Linnie B
1927 Mar 19; pg 14, widow

Jenkins, Myron N
1927 Mar 19; pg 14, deceased

Johnson, Christina
1927 Apr 9; pg 16, widow

Johnson, Dolly
1927 Feb 25; pg 12, widow

Johnson, George T
1927 Apr 9; pg 16, deceased

Johnson, Thomas F
1927 Feb 25; pg 12, deceased

Jones, Albert L
1931 Oct 5; pg 52, deceased

Jones, Minnie
1931 Oct 5; pg 52, widow

Joyce, Dollie E
1929 Jul 25; pg 43, widow

Joyce, Jacob T
1929 Jul 25; pg 43, deceased

K

Kimmel, J U
1929 Mar 25; pg 36, deceased

Kimmel, Mary D
1929 Mar 25; pg 36, widow

Kistler, Charles
1928 May 28; pg 26, deceased

Kistler, Grace
1928 May 28; pg 26, widow

Kuncis, Peter
1928 Dec 3; pg 33, deceased

Kuncis, Rose
1928 Dec 3; pg 33, widow

L

Lybarger, Asa
1926 Oct 18; pg 11, deceased

Lybarger, Clara
1926 Oct 18; pg 11, widow

M

McCaslin, Jessemine P
1927 Mar 12; pg 13, widow

McCaslin, Walter L
1927 Mar 12; pg 13, deceased

McKenzie, Neil B
1934 Dec 12; pg 54, clerk

Meyer, Erwin F
1934 Dec 12; pg 54, deceased

Meyer, Ineva Reilly
1934 Dec 12; pg 54, widow

Misner, Mabel
1929 Apr 29; pg 40, conservator for Lydia D Gregg

Missouri Pacific Railroad Company
1926 Jun 28; pg 5

Munk, Arthur C
1928 Oct 11; pg 30, deceased

Munk, Florence G
1928 Oct 11; pg 30, widow

N

Nicholas, Blanche M
1929 Jan 21; pg 34, widow

Nicholas, John H
1929 Jan 21; pg 34, deceased

Nixon, Grover
1931 Jun 5; pg 51, administrator

Nixon, Lewis
1931 Jun 5; pg 51, deceased

Nixon, Maggie J
1931 Jun 5; pg 51, widow

O

Olander, August
1928 Feb 14; pg 22, deceased

Olander, Hannah
1928 Feb 14; pg 22, widow

Olander, Martin
1928 Feb 14; pg 22, administrator

P

Page, Nellie
1927 Mar 21; pg 15, widow

Page, Rollin D
1927 Mar 21; pg 15, deceased

R

Rebman, Gottlieb G
1930 Apr 16; pg 47, deceased

Rebman, Sophia
1930 Apr 16; pg 47, widow

Richart, George A
1934 Dec 12; pg 54, sheriff

Richart, George A
1934 Jun 11; pg 53, sheriff
1936 Mar 3; pg 55, sheriff
1937 Apr 23; pg 56, sheriff

Romano, George
1930 Jul 14; pg 49, deceased

Romano, Nunciata
1930 Jul 14; pg 49, widow

Romig, Albert S
1929 Mar 30; pg 37, deceased

Romig, Edna Davis
1929 Mar 30; pg 37, widow

Rosenbaum, Margaret M
1928 Nov 20; pg 32, widow

Rosenbaum, Michael L
1928 Nov 20; pg 32, deceased

Rowe, Alfred F
1926 Jul 19; pg 6, deceased

Rowe, Maud E
1926 Jul 19; pg 6, widow

Ruttman, J H
1927 Oct 31; pg 19, deceased

Ruttman, Mary C
1927 Oct 31; pg 19, widow

S

Sayler, Jeremiah V
1927 Dec 30; pg 20, deceased

Sayler, Minnie V
1927 Dec 30; pg 20, widow

Scholes, Harry
1926 Jun 28; pg 5, promissory note
1926 Aug 10; pg 8, promissory note

Secor, Gray
1926 May 17; pg 3, witnes

Widow's Relinquishment, Volume 2, 1926–1937

Sharratt, Charles
  1929 Aug 12; pg 44, alias
  1929 Aug 12; pg 44, deceased

Sherratt, Mary
  1929 Aug 12; pg 44, widow

Sholes, James J
  1926 Jun 28; pg 5, promissory note
  1926 Aug 10; pg 8, promissory note

Slee, Albert J
  1928 Apr 2; pg 25, deceased

Slee, Bertha B
  1928 Apr 2; pg 25, widow

Snubber (Gabriel Snubber Mfg Co)
  1926 Jun 28; pg 5

Snubber, Gabriel
  1926 Jun 28; pg 5, owner of mfg co

Sorenson, Elise
  1926 Apr 24; pg 1, widow

Swenson, Levan L L
  1926 Apr 26; pg 2, deceased

Swenson, Martha C
  1926 Apr 26; pg 2, widow

T

Taylor, Joseph P
  1930 Sep 29; pg 50, deceased

Taylor, Salome
  1930 Sep 29; pg 50, widow

Thirlaway, J F
  1928 Jul 10; pg 28, administrator

Thurston, Anna D
  1926 Apr 24; pg 1, clerk
  1926 Apr 26; pg 2, clerk
  1926 May 17; pg 3, clerk
  1926 Jun 11; pg 4, clerk
  1926 Jun 28; pg 5, clerk
  1926 Jul 19; pg 6, clerk
  1926 Jul 20; pg 7, clerk
  1926 Aug 10; pg 8, clerk
  1926 Sep 28; pg 9, clerk
  1926 Oct 4; pg 10, clerk
  1926 Oct 18; pg 11, clerk
  1927 Feb 25; pg 12, clerk
  1927 Mar 12; pg 13, clerk
  1927 Mar 19; pg 14, clerk
  1927 Mar 21; pg 15, clerk
  1927 Apr 9; pg 16, clerk
  1927 May 12; pg 17, clerk
  1927 Sep 13; pg 18, clerk
  1927 Oct 31; pg 19, clerk
  1927 Dec 30; pg 20, clerk
  1928 Feb 6; pg 21, clerk
  1928 Feb 14; pg 22, clerk
  1928 Mar 9; pg 23, clerk
  1928 Mar 22; pg 24, clerk
  1928 Apr 2; pg 25, clerk
  1928 May 28; pg 26, clerk
  1928 Jun 29; pg 27, clerk
  1928 Jul 10; pg 28, clerk
  1928 Jul 17; pg 29, clerk
  1928 Oct 11; pg 30, clerk
  1928 Nov 20; pg 31, clerk
  1928 Nov 20; pg 32, clerk
  1928 Dec 3; pg 33, clerk
  1929 Jan 21; pg 34, clerk
  1929 Feb 2; pg 35, clerk
  1929 Mar 25; pg 36, clerk
  1929 Mar 30; pg 37, clerk
  1929 Apr 8; pg 38, clerk
  1929 Apr 20; pg 39, clerk
  1929 Apr 29; pg 40, clerk
  1929 May 1; pg 41, clerk
  1929 Jun 19; pg 42, clerk
  1929 Jul 25; pg 43, clerk
  1929 Aug 12; pg 44, clerk
  1929 Sep 30; pg 45, clerk
  1930 Feb 17; pg 46, clerk
  1930 Mar 31; pg 48, clerk
  1930 Apr 16; pg 47, clerk
  1930 Jul 14; pg 49, clerk
  1930 Sep 29; pg 50, clerk

1931 Jun 5; pg 51, clerk
1931 Oct 5; pg 52, clerk
1934 Jun 11; pg 53, clerk

V

Vaill, Jamie E
1927 Dec 30; pg 20, administrator

W

Wantellet, Martha
1937 Apr 23; pg 56, widow

Wantellet, Theophile
1937 Apr 23; pg 56, deceased

Wehman, Elizabeth
1926 Sep 28; pg 9, widow

Wehman, William E
1926 Sep 28; pg 9, judge

Welch, Lena B
1929 Apr 8; pg 38, widow

Weld, Lyman P
1926 Jul 19; pg 6, administrator

Welsh, John W
1929 Apr 8; pg 38, deceased

Wilkinson, C W
1928 Nov 20; pg 31, deceased

Wilkinson, Edith
1928 Nov 20; pg 31, widow

Wilson, Richard, H
1929 Mar 25; pg 36, Notary Public

Wolf, Anna J
1927 Sep 13; pg 18, widow

Wolf, William W
1927 Sep 13; pg 18, deceased

Wood, Minnie P
1926 Jun 28; pg 5, widow

Wood, Minnie Spencer [P]
1926 Aug 10; pg 8, widow

Wood, William Spencer
1926 Jun 28; pg 5, deceased
1926 Aug 10; pg 8, deceased

Additional Colorado Research Titles

If you borrowed this copy from a library and would like to order a copy, please send a check or money order to: Iron Gate Publishing, P.O. Box 999, Niwot, CO 80544. Our research books are available online to institutions and individuals at Amazon.com and on our website:
www.irongate.com

Boulder City Town Company Lot Sales 1859-1864: An Annotated Map Guide
ISBN 978-1-879579-87-3 $15.95 + $4.00 S&H

Brainard's Hotel Register, Boulder, Colorado, 1880: An Annotated Index
ISBN 978-1-879579-86-6 $15.95 $5.00 S&H

Boulder County Commissioner's Journal, 1861-1871: An Annotated Transcription
ISBN 978-1-879579-77-4 $45.99 + $5.00 S&H

Boulder County Commissioners Journal, 1871-1874: An Annotated Transcription
ISBN 978-1-879579-91-0 $39.95 + $5.00 S&H

Brainard Hotel Register, 6 March-18 December 1880: An Annotated Index
ISBN 978-1-879579-86-6, $15.95 + $5.00

Colorado's Territorial Masons: An An'notated Index of the Proceedings of the Grand Lodge of Colorado, 1861–1876
ISBN 978-1-879579-85-9 $29.95 + $5.00 S&H

Boulder, Colorado Teachers, 1878-1900: An Annotated Index
ISBN 978-1-879579-93-4 $11.95 + $4.00 S&H

Boulder County, Colorado District Court Execution Docket, 1875-1885: An An'd Index
ISBN 978-1-879579-94-1 $11.95 + $4.00 S&H

Denver, Colorado Police Force Record, 1879-1903: An Annotated Index
ISBN 978-1-879579-81-1 $11.95 + $4.00 S&H

Boulder, Colorado Births 1892–1906: An Annotated Index
ISBN 978-1-879579-79-8 $11.95 + $4.00 S&H

Arapahoe County, Colorado Territory Criminal Court Index, 1862-1879: An An'd Index
ISBN 978-1-879579-70-5 $11.95 + $4.00 S&H

Boulder County Probate Court Appraisement Record A, 1875-1888: An Annotated Index
ISBN 978-1-879579-72-9 $11.95 + $4.00 S&H

Boulder County Assessor's Tax List, 1875: An Annotated Index
ISBN 978-1-879579-55-2 $11.95 + $4.00 S&H

Boulder County Assessor's Tax List, 1876: An Annotated Index
ISBN 978-1-879579-56-9 $11.95 + $4.00 S&H

Boulder Valley Presbyterian Church Records, 1863-1900: An Annotated Index
ISBN 978-1-879579-58-3 $11.95 + $4.00 S&H

Boulder's Masonic Pioneers, 1867-1886: Members of Columbia Lodge No. 14, Boulder County, Colorado Territory
ISBN 978-1-879579-57-6 $15.95 + $4.00 S&H

Publishing Titles

If you would like to order one of these books, please send a check or money order to: Iron Gate Publishing, P.O. Box 999, Niwot, CO 80544. Our publishing books are available online to institutions through Ingram, to individuals at Amazon.com and on our website:

www.irongate.com

Set Yourself Up to Self-Publish: A Genealogist's Guide
    ISBN 978-1-879579-99-6 $19.95 + $5.00 S&H

Publish Your Genealogy: A Step-by-Step Guide for Preserving Your Research for the Next Generation
    ISBN 978-1-879579-62-0 $24.95 + $5.00 S&H

Publish Your Family History: A Step-by-Step Guide to Writing the Stories of Your Ancestors
    ISBN 978-1-879579-63-7 $24.95 + $5.00 S&H

Publish a Local History: A Step-by-Step Guide from Finding the Right Project to Finished Book
    ISBN 978-1-879579-64-4 $24.95 + $5.00 S&H

Publish a Memoir: A Step-by-Step Guide to Saving Your Memories for Future Generations
    ISBN 978-1-879579-65-1 $24.95 + $5.00 S&H

Publish a Biography: A Step-by-Step Guide to Capturing the Life and Times of an Ancestor or a Generation
    ISBN 978-1-879579-66-8 $24.95 + $5.00 S&H

Publish a Photo Book: A Step-by-Step Guide for Transforming Your Genealogical Research into a Stunning Family Heirloom
    ISBN 978-1-879579-67-5 $24.95 + $5.00 S&H

Publish a Source Index: A Step-by-Step Guide to Creating a Genealogically Useful Index, Abstract or Transcription
    ISBN 978-1-879579-68-2 $24.95 + $5.00 S&H

Publish Your Specialty: A Step-by-Step Guide for Imparting Your Research Expertise to Others
    ISBN 978-1-879579-76-7 $24.95 + $5.00 S&H

www.ingramcontent.com/pod-product-compliance
Lightning Source LLC
Chambersburg PA
CBHW061517040426
42450CB00008B/1658